新一代 电力交易平台（省级）设计丛书

需求规格设计
市场服务分册

北京电力交易中心有限公司　组编

中国电力出版社
CHINA ELECTRIC POWER PRESS

内 容 提 要

为加快全国统一电力市场体系建设，推动构建清洁低碳、安全充裕、经济高效、供需协同、灵活智能的新型电力系统，有效助力构建新型能源体系，进一步加快电力交易市场体系建设，北京电力交易中心有限公司组织各相关单位有关专家编写了《新一代电力交易平台（省级）设计丛书》。本丛书共 8 个分册，包括市场服务业务模型、市场出清业务模型、市场结算业务模型、技术支撑业务模型以及市场服务需求规格、市场出清需求规格、市场结算需求规格、技术支撑需求规格，对省内电力交易的业务流程、业务活动和业务信息等内容进行了深入浅出地讲解。

本分册为《新一代电力交易平台（省级）设计丛书 需求规格设计 市场服务分册》，主要介绍市场服务的业务建设背景、术语和定义、主要依据、业务和信息系统现状分析、业务目标和组织单元、业务流程、业务活动、业务信息等内容。

本套丛书既可作为发电企业、售电公司、电力用户等市场主体从业人员系统学习省内电力市场全环节业务的专业书籍，也可作为咨询人员、工程技术人员和高等院校师生的参考用书。

图书在版编目（CIP）数据

需求规格设计．市场服务分册/北京电力交易中心有限公司组编．—北京：中国电力出版社，2024.4
（新一代电力交易平台（省级）设计丛书）
ISBN 978-7-5198-8285-3

Ⅰ．①需…　Ⅱ．①北…　Ⅲ．①电力市场－市场交易－管理信息系统－系统设计－中国　Ⅳ．①F426.615

中国国家版本馆 CIP 数据核字（2023）第 210517 号

出版发行：中国电力出版社
地　　址：北京市东城区北京站西街 19 号（邮政编码 100005）
网　　址：http://www.cepp.sgcc.com.cn
责任编辑：张冉昕（010-63412364）　匡　野
责任校对：黄　蓓　马　宁
装帧设计：张俊霞
责任印制：石　雷

印　　刷：三河市百盛印装有限公司
版　　次：2024 年 4 月第一版
印　　次：2024 年 4 月北京第一次印刷
开　　本：787 毫米×1092 毫米　16 开本
印　　张：10
字　　数：190 千字
印　　数：0001—3500 册
定　　价：60.00 元

丛书编委会

主　任　史连军　谢　开

副主任　庞　博　常　青　曹瑛辉　李增彬　谢　文

成　员　李　竹　刘　硕　汤洪海　张　显　周　琳

　　　　　王　琪　何显祥　徐　亮　刘永辉　王　立

本分册编写组

组　长　李　竹

成　员　谢　文　刘　硕　李道强　张圣楠　李国栋

　　　　　梁赫霄　纪　鹏　孙　田　赵　彤　于松泰

　　　　　王　立　嵇士杰　王中荣　乔　宁　万舒路

　　　　　任汇东　张光明　薛　颖　闵　睿　吴冰洲

　　　　　李　晨　李　伟　王清波　张玉振　张寓涵

　　　　　李　锋　杨　菁　刘卫东　崔锦瑞　詹智明

　　　　　齐国民　王良缘　王　阳　聂晓涛　周　翔

序

习近平总书记指出，能源保障和安全事关国计民生，是须臾不可忽视的"国之大者"。党的二十大报告提出，要积极稳妥推进碳达峰碳中和；深入推进能源革命，加快规划建设新型能源体系，加强能源产供销储体系建设。习近平总书记重要指示和党的二十大报告精神，为能源电力高质量发展提供了根本遵循。中央深改委审议通过《关于深化电力体制改革　加快构建新型电力系统的指导意见》，国家发展改革委、国家能源局陆续出台《关于加快建设全国统一电力市场体系的指导意见》《电力中长期交易基本规则》《电力现货基本规则（试行）》《电力市场信息披露基本规则》《关于建立煤电容量电价机制的通知》等政策文件，为多层次统一电力市场建设指明方向和目标，为各类交易品种建设和各类主体参与市场提供了支撑。

北京电力交易中心积极落实改革有关任务，积极推动电力市场体系建设，在全国统一电力市场建设、能源资源大范围优化配置、新能源消纳等方面取得了积极成效。经过各方多年共同努力，我国电力市场已形成了"统一市场、两级运作"的总体架构，空间上覆盖省间、省内，时间上覆盖中长期、现货，品种上覆盖电能量、辅助服务的全范围、全周期、全品种市场体系。省间中长期交易已实现连续运营，省内中长期连续运营稳步推进，现货市场建设全面加快。辅助服务市场体系不断完善，容量价格机制有效落地，绿电绿证交易取得新突破。目前，国家电网经营区市场化交易电量占比超过75%，省间交易电量占比超过20%，电力市场在资源优化配置中的作用充分彰显。

电力交易平台是电力市场体系架构和交易运营业务落地应用的重要技术载体。北京电力交易中心持续推动交易专业数智化转型，实现数字技术与交易业务深度融合，聚焦中长期与现货市场协同运营、基于可用输电能力（ATC）的多通道集中优化出清、高性能柔性结算、绿电绿证交易及消费核算、电商化"e-

交易"、全市场数据能力中心、电力市场全景仿真等重点领域，攻克了诸多关键技术难题，取得了一系列具有自主知识产权的科技创新成果。建成了覆盖省间和 27 个省市场，具备"业务运作实时化、市场出清精益化、交易规则配置化、市场结算高效化、基础服务共享化、数据模型标准化"特征的新一代电力交易平台，成为世界首套"云-台-链-智"融合的电力交易系统，建立了弹性调度、安全可靠的云架构技术支撑体系，构建了基于能力共享、运转灵活的电力交易业务中台系统架构，实现市场服务、市场出清、市场结算、市场合规、信息发布和系统管理等六大业务应用，设计了基于区块链的电力交易、溯源和认证技术，全面支撑了多层次统一电力市场高效协同运营。为促进新能源消纳和大范围优化配置、支撑新型电力系统建设、服务广大市场主体提供了坚强的技术保障。

随着新型电力系统建设不断推进，电力市场化改革逐步迈入"深水区""无人区"，电力市场建设面临供需形势变化拐点和新能源消纳与发展形势拐点。电力市场建设必须紧密结合电力系统电源构成、电网形态、负荷特性、技术基础、运行特性等方面发生的新变化，适应目标多元化、价值多维化、组织精细化、空间分层化、资源聚合化等新要求，更好服务和支撑新型电力系统建设运行需要。

在建设全国统一大市场，健全多层次统一电力市场体系的新征程上，需要进一步推动电力市场知识的普及、电力市场意识的培育、电力市场研究的深化、电力市场智慧的凝结。《新一代电力交易平台（省级）设计丛书》充分考虑了当前各省电力交易组织的实际情况，全面、系统地梳理了省内电力市场交易业务，是国内首套集中深入总结和提炼省内电力交易业务的专业技术丛书。丛书内容详实、结构清晰，对推动我国电力市场发展、促进电力交易业务创新具有重要的参考价值与现实意义。愿广大读者朋友学用结合、共同努力，充分发挥电力市场对能源清洁低碳转型的支撑作用，携手书写中国式现代化能源电力新篇章，为强国建设和民族复兴提供安全、经济、绿色的能源服务。

中国工程院院士
中国电机工程学会理事长
2024 年 3 月

　　根据国家电力体制改革有关要求，北京电力交易中心于2016年3月1日正式挂牌成立。作为国家级电力交易机构，北京电力交易中心在电力市场建设、电力交易运营、技术支持平台建设等方面开展了大量前瞻研究与具体实践，形成了一系列技术标准、管理标准和科研成果，主持建设的新一代电力交易平台已成为全球交易量最大的大型电力市场技术支撑系统。截至2023年底，国家电网有限公司经营区范围内，在电力交易平台注册的发电企业、售电公司、电力用户等经营主体共56.8万余家。新一代电力交易平台有力支撑了中长期、现货、辅助服务等全周期、多品种交易，有力统筹了省间与省内、中长期与现货、交易与运行、批发与零售业务，服务了新型电力系统建设，在"保供应、促转型、稳价格"方面发挥了重要作用。

　　新一代电力交易平台包括省间、省级两部分，分别承担跨省跨区、省内电力交易业务，省间平台于2020年7月正式运行，省级平台于2021年6月正式运行。为总结新一代电力交易平台建设成果，北京电力交易中心于2021年组织编写了《新一代电力交易平台（省间）设计丛书》，受到了业界好评。此次又组织编写了《新一代电力交易平台（省级）设计丛书》，包括市场服务业务模型、市场出清业务模型、市场结算业务模型、技术支撑业务模型以及市场服务需求规格、市场出清需求规格、市场结算需求规格、技术支撑需求规格共八个分册，对省内电力交易的业务流程、业务活动和业务信息等内容进行了深入浅出讲解。本套丛书既可作为发电企业、售电公司、电力用户等市场主体从业人员系统学习省内电力市场全环节业务的专业书籍，也可作为咨询人员、工程技术人员和高等院校师生的参考用书。本分册是《新一代电力交易平台（省级）设计丛书　需求规格设计　市场服务分册》。第1章分析了市场服务业务建设背景。第2章规定并明确了本分册术语和定义。第3章列出了市场服务功能在建设中所需遵从的国家及电力行业所颁布的相关管理规定。第4章分析了市场服务业务现状和信息系统现状。第5章提出了市场服务的业务目标，描述了组织单元，详细介绍了市场主体注册、零售市场管理流程及其流程分项说明，市场服务活动及其业务活动分项说明，市场成员管理的业务信息。

需要说明的是，本套丛书涉及大量的流程和岗位角色，编者为了方便读者理解，编制了组织单元图，努力为所有流程和岗位角色提供统一的命名。丛书中所列的组织单元图、业务流程图仅仅是一种示例，可能跟实际情况有差异，请读者朋友知晓。

本套丛书编写全过程，得到了首都、天津、河北、冀北、山西、山东、上海、江苏、浙江、安徽、福建、湖北、湖南、河南、江西、四川、重庆、辽宁、吉林、黑龙江、蒙东、陕西、甘肃、青海、宁夏、新疆、西藏电力交易中心，以及南瑞集团北京科东公司、中国电科院电自所、计量所、四川中电启明星公司、国网区块链科技公司等单位大力支持，在此一并深表谢意！本套丛书凝聚了电力市场专家团队、电力交易平台建设队伍近二十年的研究成果和实战经验，并以此为基础进行总结和提炼，希望能为读者带来帮助和启迪。

由于编者水平有限，书中难免存在不足和疏漏之处，恳请各位读者批评指正。

编　者

2024 年 3 月

目　录

1 概　　述

　　电力交易平台作为面向各类市场主体的服务窗口，主要对参与电力市场的各类市场主体进行规范、有序地统一管理及综合服务等服务支撑，保障电力市场的稳定运行。电力交易中心主要依据《中共中央　国务院关于进一步深化电力体制改革的若干意见》（中发〔2015〕9号）、《电力体制改革配套文件》（发改经体〔2015〕2752号）、《售电公司管理办法》（发改体改规〔2021〕1595号）、《发电机组进入及退出商业运营办法》（国能发监管规〔2023〕48号）等国家有关法律法规，为市场主体提供全生命周期服务。

　　本书主要从现状分析、业务描述两个方向，对市场服务业务流程、业务活动等内容进行分析及设计，指导电力交易平台市场服务功能开发，各省电力交易平台实际建设情况与本书内容可能会存在差异。

　　现状分析主要从业务现状和信息系统现状两个方面进行分析，为业务需求规格设计提供依据。

　　业务描述主要从业务目标、组织单元、业务流程、业务活动、业务信息五个方面梳理分析，提出业务需求规格设计基本内容，规范电力交易平台市场服务功能设计开发。

2 术语和定义

本书涉及的术语和定义见表 2-1。

表 2-1　　　　　　　　　　　名 词 术 语 表

序号	名称	定义
1	发电集团	发电企业所属的集团公司，由母公司、子公司、分公司、参股公司及其他成员共同组成的发电企业法人联合体
2	电网企业	电网企业指运营和维护输配电资产的输配电服务企业
3	发电企业	生产电力能源的市场主体，等同于发电商
4	直购电厂	直接与省级及以上电力公司进行结算的发电企业
5	非直购电厂	由地市级电力公司进行结算的发电企业
6	机组	将其他形式的能源转换成电能的单套机械设备
7	机组群	多台同类型机组的组合。主要适用于风电、太阳能发电、储能发电等，按照建设项目将多个风电杆塔、太阳能机组或储能发电模块合并参与市场化交易的情况
8	用户计量点	电力用户能够参与交易的最小颗粒度，与电网企业对用户的最小计量单元保持一致
9	权益占比	如果机组属于不同的投资主体，则根据机组所有者的共同约定，设定权益占比，将机组收益按其权益占比进行分配。权益占比是指按照机组各投资主体所获得的收益占机组总收益的比例
10	售电公司	在准许经营的区域内向电力用户销售电力的市场主体

序号	名称	定义
11	配售电公司	拥有配网运营权、承担保底供电服务的售电公司
12	独立售电公司	不拥有配网运营权、不承担保底供电服务的售电公司
13	电力用户	消费电力的市场主体
14	直接交易用户	参与电力批发市场交易，直接向发电企业购电的电力用户
15	零售电力用户	参与电力零售市场交易，向售电公司购电的电力用户
16	独立储能	利用新型储能技术，具备独立计量、控制等技术条件，接入调度自动化系统可被电网监控和调度，符合相关标准规范和本规范指引要求，具有法人资格的独立储能主体
17	暂停交易	暂停交易指当市场主体发生影响满足注册要求、履约能力、信用等级等重大事项，不宜继续参与电力交易时，由电力交易中心或市场主体发起的暂停市场主体参与交易的行为
18	恢复交易	恢复交易指市场主体在暂停交易以后，在满足恢复参与交易条件下，由电力交易中心或市场主体自主发起的恢复参与市场交易的行为

3 主 要 依 据

本书在编写过程中遵循以下规定和办法的要求内容，具体实施过程中宜按最新标准执行。

中共中央 国务院印发《中共中央 国务院关于进一步深化电力体制改革的若干意见》（中发〔2015〕9 号）

国家发展改革委 国家能源局印发《电力体制改革配套文件》（发改经体〔2015〕2752 号）

国家发展改革委 国家能源局印发《电力中长期交易基本规则》（发改能源规〔2020〕889 号）

国家发展改革委 国家能源局印发《售电公司管理办法》（发改体改规〔2021〕1595 号）

国家能源局印发《电力业务许可证监督管理办法》（国能发资质〔2021〕69 号）

4 现 状 分 析

4.1 业 务 现 状 分 析

电力交易平台作为面向各类市场主体的服务窗口，其市场服务模块主要向各类市场主体提供市场成员管理、现货及中长期交易申报、合同管理、结算管理、市场信息查询及综合服务等服务支撑。

目前，各省级电力交易中心主要依据国家和省市电力市场规则，对超 50 万家发电企业、电力用户、售电公司，提供从注册到退出全生命周期信息管理、市场资质管理及绑定关系管理，为各类市场主体参与市场交易、结算等业务活动提供基础数据支撑。

《国家发展改革委关于进一步深化燃煤发电上网电价市场化改革的通知》（发改价格〔2021〕1439 号）要求，燃煤发电电量和工商业用户全部进入市场，将面临千万级用户注册管理、电网企业代理用户关系管理、用户综合服务能力提升的新挑战。同时，在电力体制改革进程中，交易品种多元化发展，绿电绿证交易逐步开展，独立储能等新型主体也同步进入市场，进一步提升市场主体注册业务水平，具备支撑多元化市场主体注册能力，提高市场注册及信息汇集展示的服务水平。

在实际业务开展过程中，各省在业务流程上可能会存在差异，各省在平台的功能建设中也会存在部分差异。

1. 市场主体数据申报

数据申报业务主要指各类市场主体通过信息外网申报市场交易相关的各类业务信息的业务活动。截至 2023 年年底，国家电网有限公司经营区范围内，在电力交易平台注册的发电企业、售电公司、电力用户等经营主体共 56.8 万余家。同时，有超万家售电公司及零售用户，通过交易平台进行了市场注册、交易申报、零售关系绑定申请、零售合同、结算方案等数据申报，保障了中长期批发及零售市场业务的有序开展。

2. 市场成员管理

目前，各电力交易中心主要依据《中共中央 国务院关于进一步深化电力体制改革的若干意见》（中发〔2015〕9号）、《电力体制改革配套文件》（发改经体〔2015〕2752号）、《售电公司管理办法》（发改体改规〔2021〕1595号）、《发电机组进入及退出商业运营办法》（国能发监管规〔2023〕48号）等国家有关法律法规，为各类市场主体提供了从注册到退出全生命周期信息管理，并构建市场主体信息模型，为各类市场主体参与市场交易、结算等业务活动提供基础数据支撑。同时，对各类市场主体在整个市场中的运营活动，进行定期跟踪分析。

3．信息展示窗口

电力交易平台是电力市场交易信息统一对外发布信息的窗口，电力交易中心负责管理和维护交易平台，管理和收集、整理、汇总、分类发布市场信息，形成信息发布的"主渠道"，方便市场主体获取信息。当前，电力交易平台展示了市场主体注册信息、交易信息、结算信息、市场运营信息等十余类信息，并提供了高效的市场信息查询服务。

4．其他服务

目前，各电力交易中心主要通过服务大厅、微信公众号及电话热线等方式为广大市场主体提供综合服务，服务内容包括问题咨询、投诉建议、市场培训、调查问卷等。

4.2　信息系统现状分析

新一代电力交易平台建设，在原有支撑发电侧单边市场交易运作的功能基础上，按照"统一市场、两级部署"的思路，构建支撑全国统一电力市场运作的公开透明、规范高效的电力交易平台，全面支撑电力用户与发电企业直接交易，总体上实现了支撑电力交易中心核心业务运作的目标。主要功能包括市场成员管理、交易管理、合同管理、计划管理、结算管理、信息发布、市场信息统计、交易合规管控、市场动态信息展示、交易平台外网网站管理、市场活跃度评级、交易敏感数据安全防护、市场信息公示网站应用监控分析、数据传输/存储安全防护、系统管理等。

目前主流的系统架构包括单体应用集中式架构和分布式架构。当前高度灵活的市场化交易组织以及未来的现货市场都体现出业务需求差异化、碎片化的特征，采用单体应用集中式架构的交易管理模块容易受到来自硬件资源冗余不够、隔离装置上限不足等多重因素的制约，无法满足当前高频次的交易组织开展、高并发的交易数据申报以及高实时性的交易出清计算；分布式架构主要用于事务弱一致性、应用负载不均衡和突发式业务，应对集中式在线电力交易的高并发申报、高计算资源独占特性，通过云端服务资源扩展，由分布式关系型数据库服务集群、弹性计算服务集群和分布式数据计算服务集群提供交易管理的技术支撑，可以提升电力直接交易在线处理能力及可靠性。分布式架构通过云平台组件提供数据的跨域计算，提高业务系统在应用两级部署、数据两级存储架构下的计算实时性，实现从"搬数据"向"搬计算"转变，正是适应市场发展的合理技术方案。

5 业 务 描 述

5.1 业 务 目 标

通过浏览器为海量市场主体提供形式多样、内容丰富的市场服务，便于市场主体便捷、高效地参与市场，提升电力交易中心的服务水平。

5.2 组 织 单 元

组织单元见图 5-1。

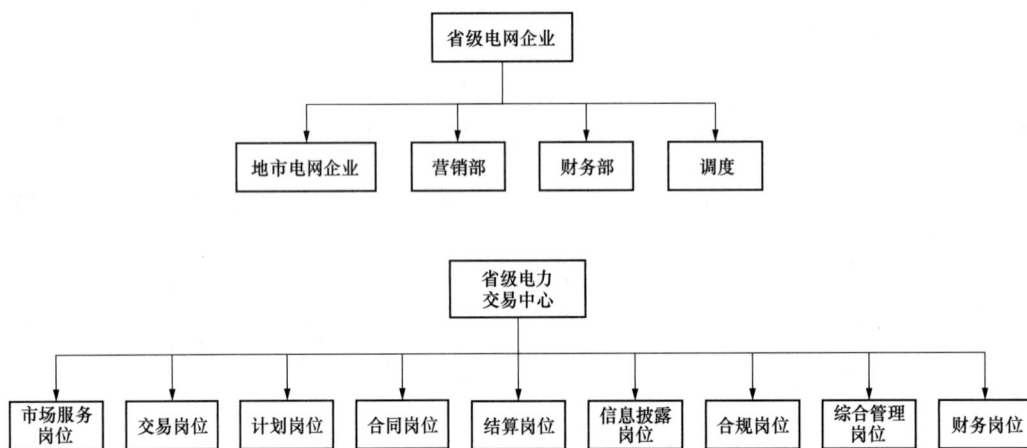

图 5-1　组织单元图

5.3 业 务 流 程

5.3.1　流程清单

5.3.1.1　市场主体注册

市场主体注册流程清单见表 5-1。

表 5-1 　　　　　　　　　　　　流 程 清 单

流程编号	业务流程名称	父级流程编号	业务职能名称
BP-BD-SCFW-0101	发电企业注册受理	—	市场成员注册
BP-BD-SCFW-0102	电力用户注册受理	—	市场成员注册
BP-BD-SCFW-0103	售电公司注册受理	—	市场成员注册
BP-BD-SCFW-0104	电网企业注册受理	—	市场成员注册
BP-BD-SCFW-0105	独立储能注册受理	—	市场成员注册
BP-BD-SCFW-0106	发电企业基本信息变更受理	—	市场成员注册
BP-BD-SCFW-0107	机组注册受理	—	市场成员注册
BP-BD-SCFW-0108	机组变更受理	—	市场成员注册
BP-BD-SCFW-0109	机组转让受理	—	市场成员注册
BP-BD-SCFW-0110	机组注销受理	—	市场成员注册
BP-BD-SCFW-0111	发电企业类型转换受理	—	市场成员注册
BP-BD-SCFW-0112	电力用户基本信息变更受理	—	市场成员注册
BP-BD-SCFW-0113	用户计量点信息变更受理	—	市场成员注册
BP-BD-SCFW-0114	电力用户类型转换受理	—	市场成员注册
BP-BD-SCFW-0115	售电公司变更受理	—	市场成员注册
BP-BD-SCFW-0116	电网企业变更受理	—	市场成员注册
BP-BD-SCFW-0117	独立储能变更受理	—	市场成员注册
BP-BD-SCFW-0118	发电企业注销受理	—	市场成员注册
BP-BD-SCFW-0119	电力用户注销受理	—	市场成员注册
BP-BD-SCFW-0120	售电公司注销受理	—	市场成员注册
BP-BD-SCFW-0121	电网企业注销受理	—	市场成员注册
BP-BD-SCFW-0122	独立储能注销受理	—	市场成员注册

5.3.1.2 零售市场管理

零售市场管理流程清单见表 5-2。

表 5-2 　　　　　　　　　　　　流 程 清 单

流程编号	业务流程名称	父级流程编号	业务职能名称
BP-BD-SCFW-0201	售电公司店铺管理	—	零售市场管理
BP-BD-SCFW-0202	售电公司绑定零售用户	—	零售市场管理
BP-BD-SCFW-0203	零售用户绑定售电公司	—	零售市场管理
BP-BD-SCFW-0204	零售关系解绑	—	零售市场管理

5.3.2　业务流程图

5.3.2.1　市场主体注册

5.3.2.1.1　发电企业注册受理流程图

发电企业注册受理流程图见图 5-2。

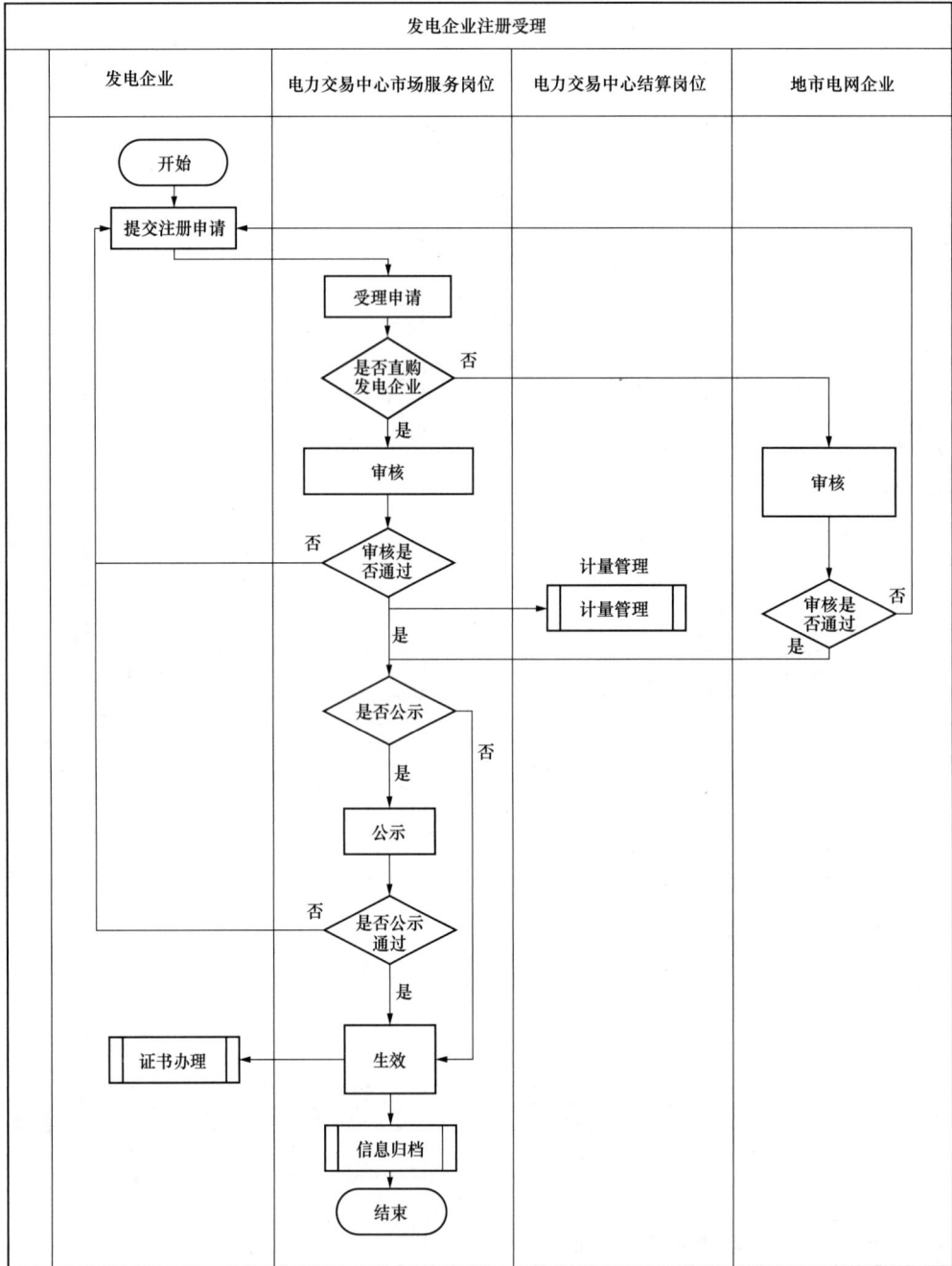

图 5-2　发电企业注册受理流程图

5.3.2.1.2　电力用户注册受理流程图

电力用户注册受理流程图见图 5-3。

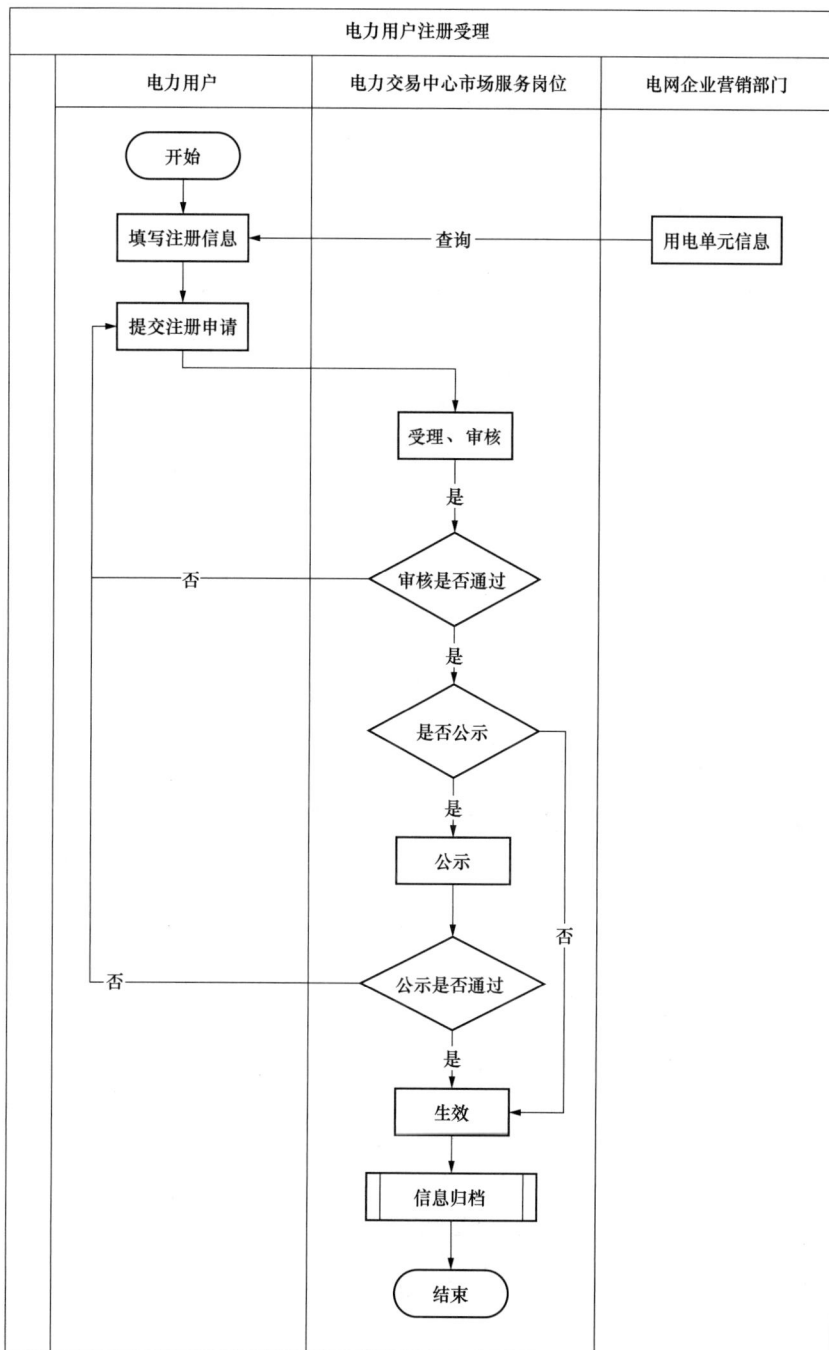

图 5-3　电力用户注册受理流程图

5.3.2.1.3　售电公司注册受理流程图

售电公司注册受理流程图见图 5-4。

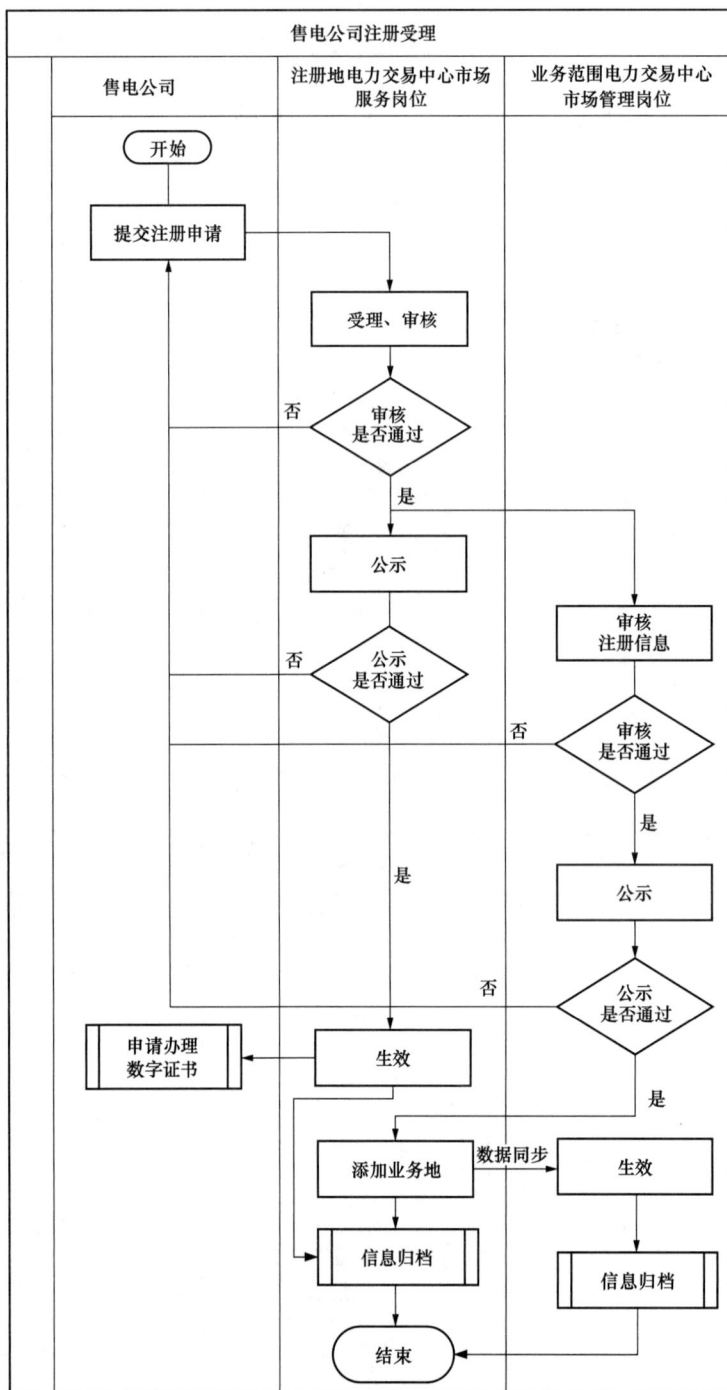

图 5-4　售电公司注册受理流程图

5.3.2.1.4 电网企业注册受理流程图

电网企业注册受理流程图见图 5-5。

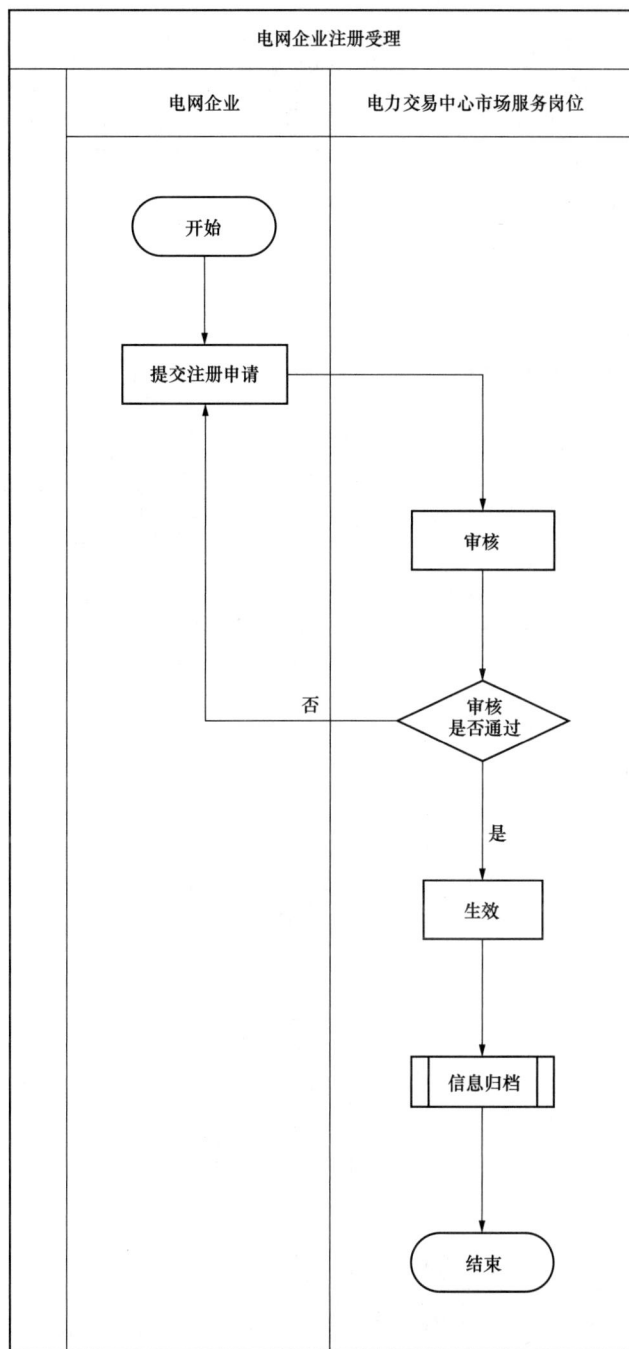

电网企业注册受理

电网企业	电力交易中心市场服务岗位

开始

提交注册申请

审核

审核是否通过 — 否

是

生效

信息归档

结束

图 5-5 电网企业注册受理流程图

13

5.3.2.1.5 独立储能注册受理流程图

独立储能注册受理流程图见图 5-6。

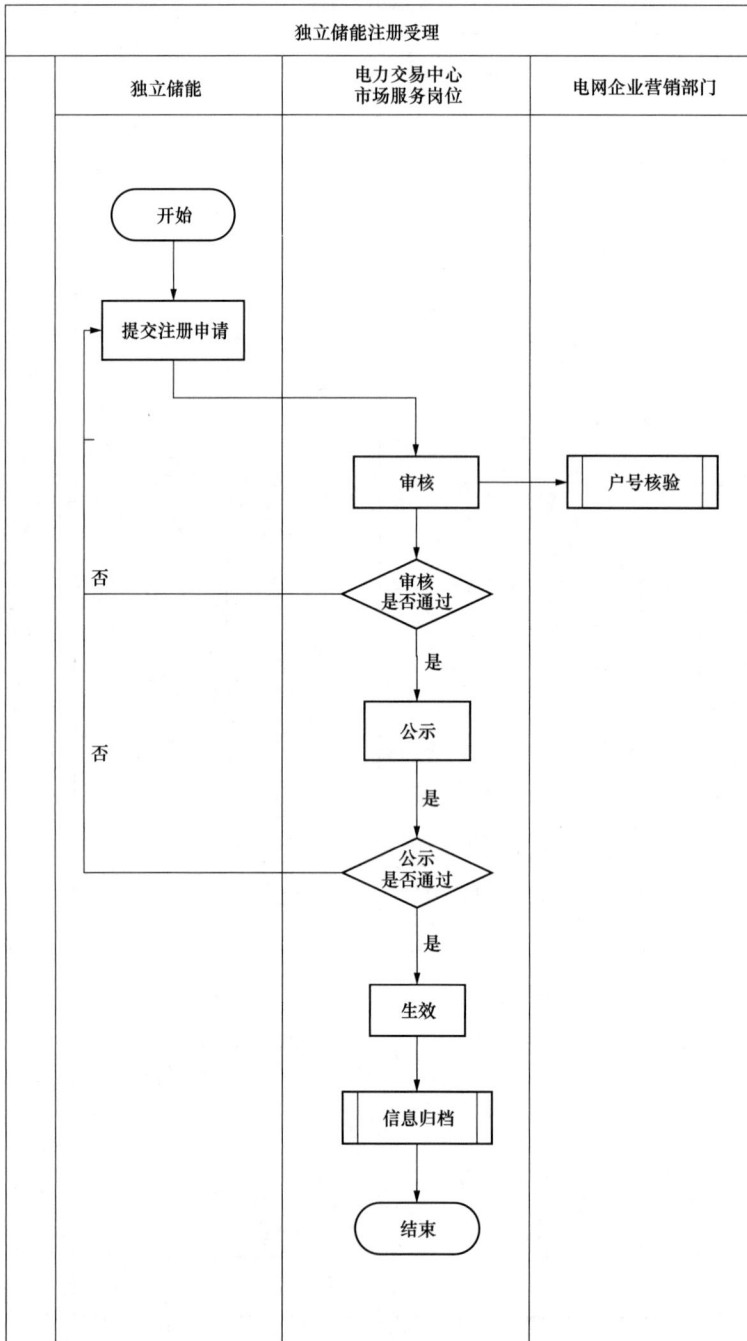

图 5-6   独立储能注册受理流程图

5.3.2.1.6 发电企业基本信息变更受理流程图

发电企业基本信息变更受理流程图见图 5-7。

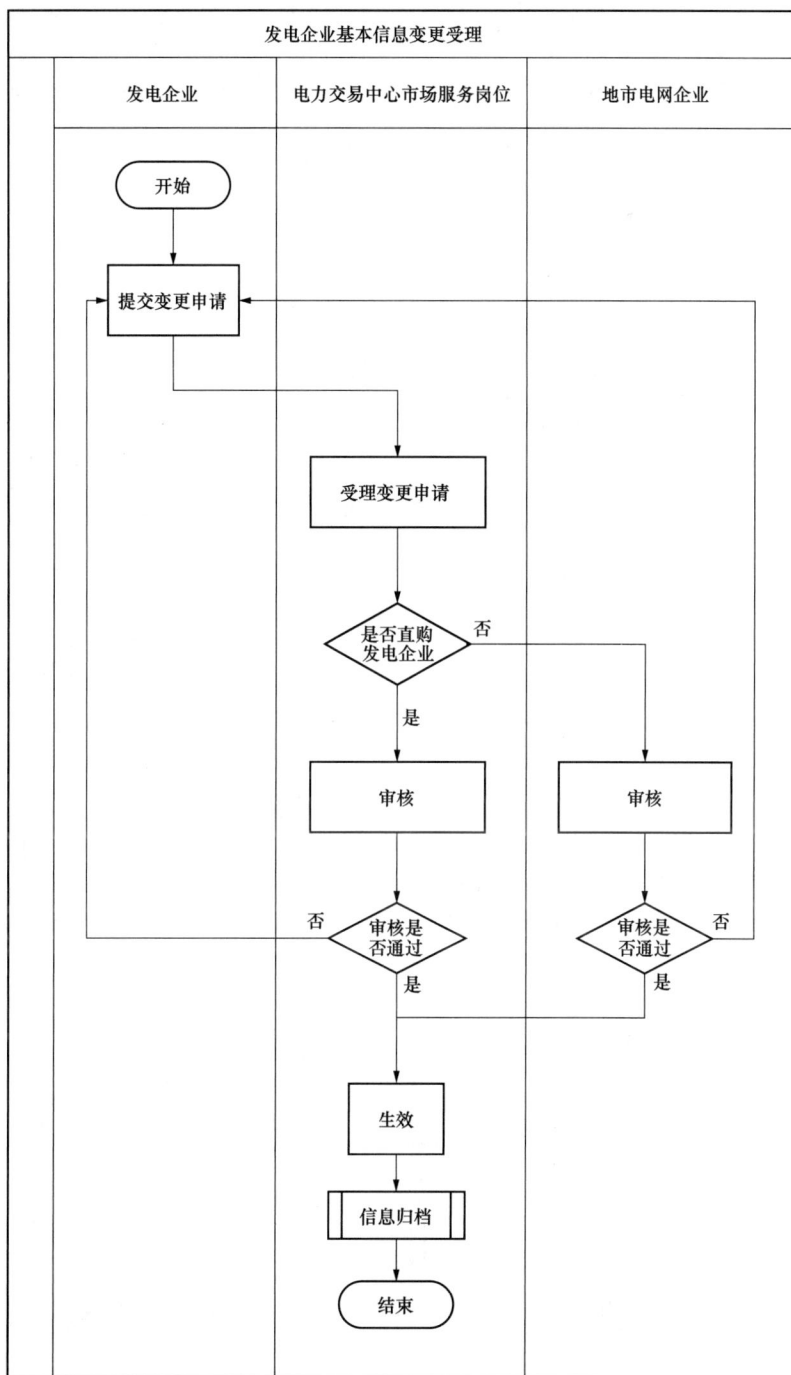

图 5-7 发电企业基本信息变更受理流程图

5.3.2.1.7　新增机组注册受理流程图

新增机组注册受理流程图见图 5-8。

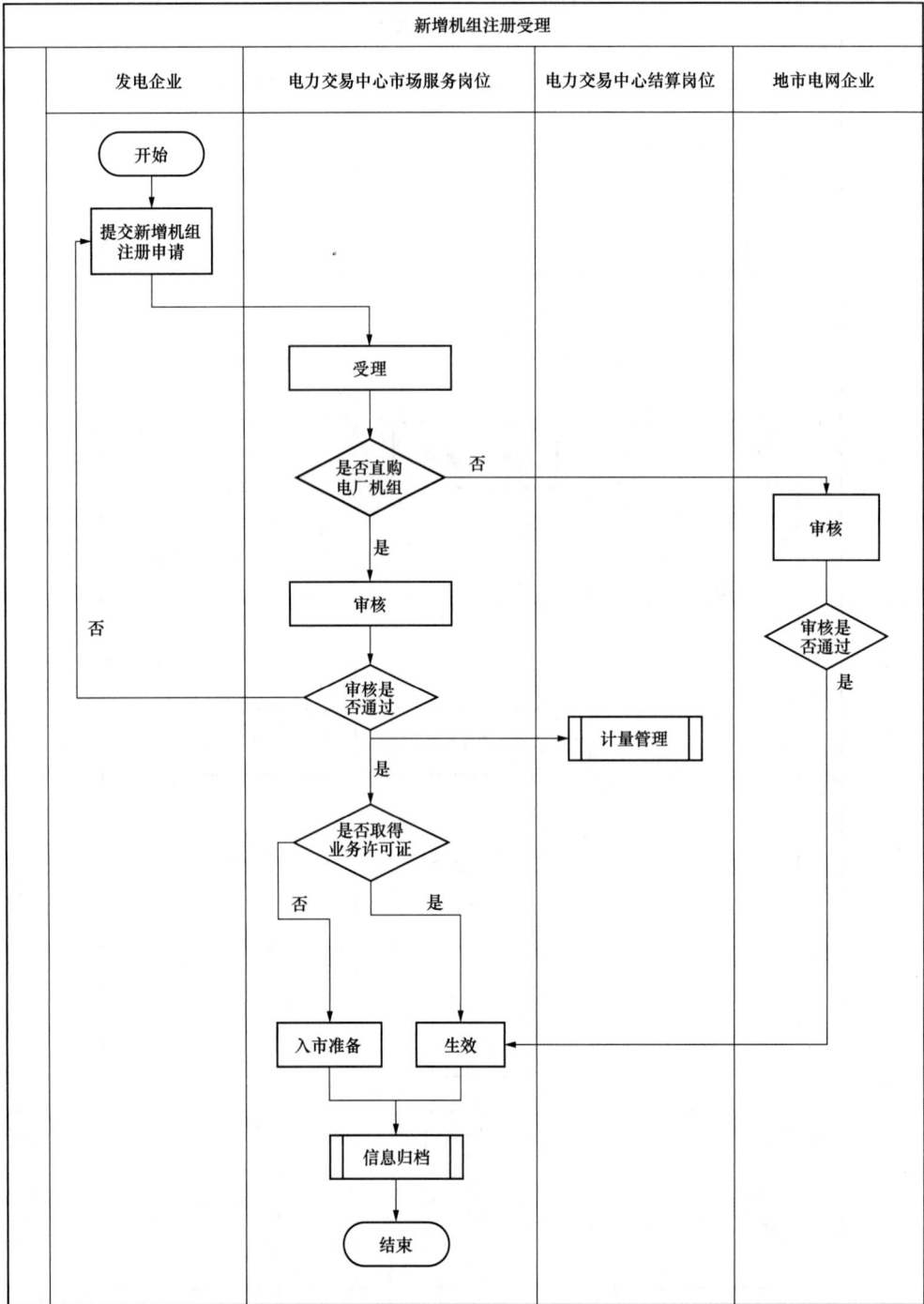

图 5-8　新增机组注册受理流程图

5.3.2.1.8 机组变更受理流程图

机组变更受理流程图见图 5-9。

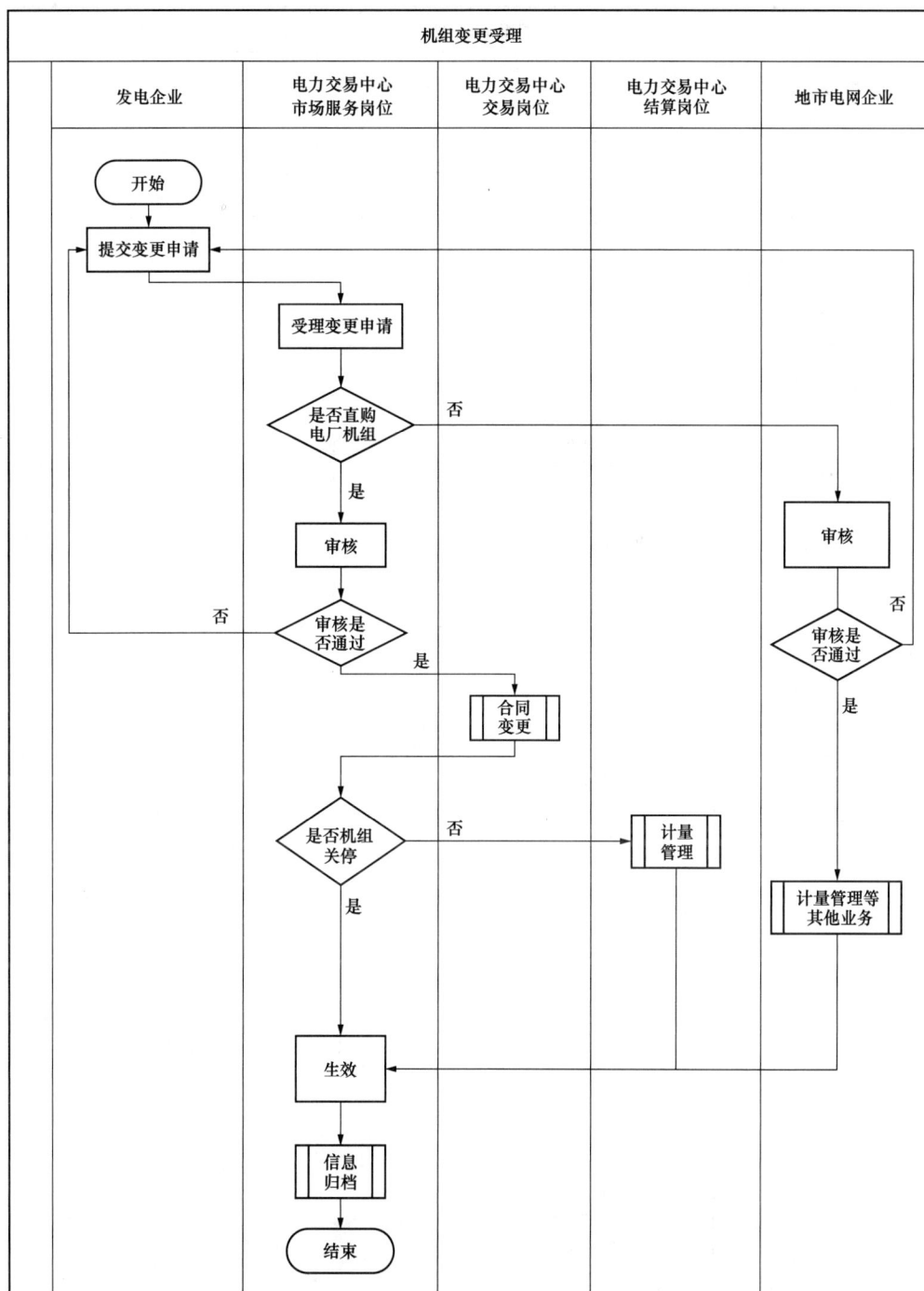

图 5-9 机组变更受理流程图

5.3.2.1.9 机组转让受理流程图

机组转让受理流程图见图 5-10。

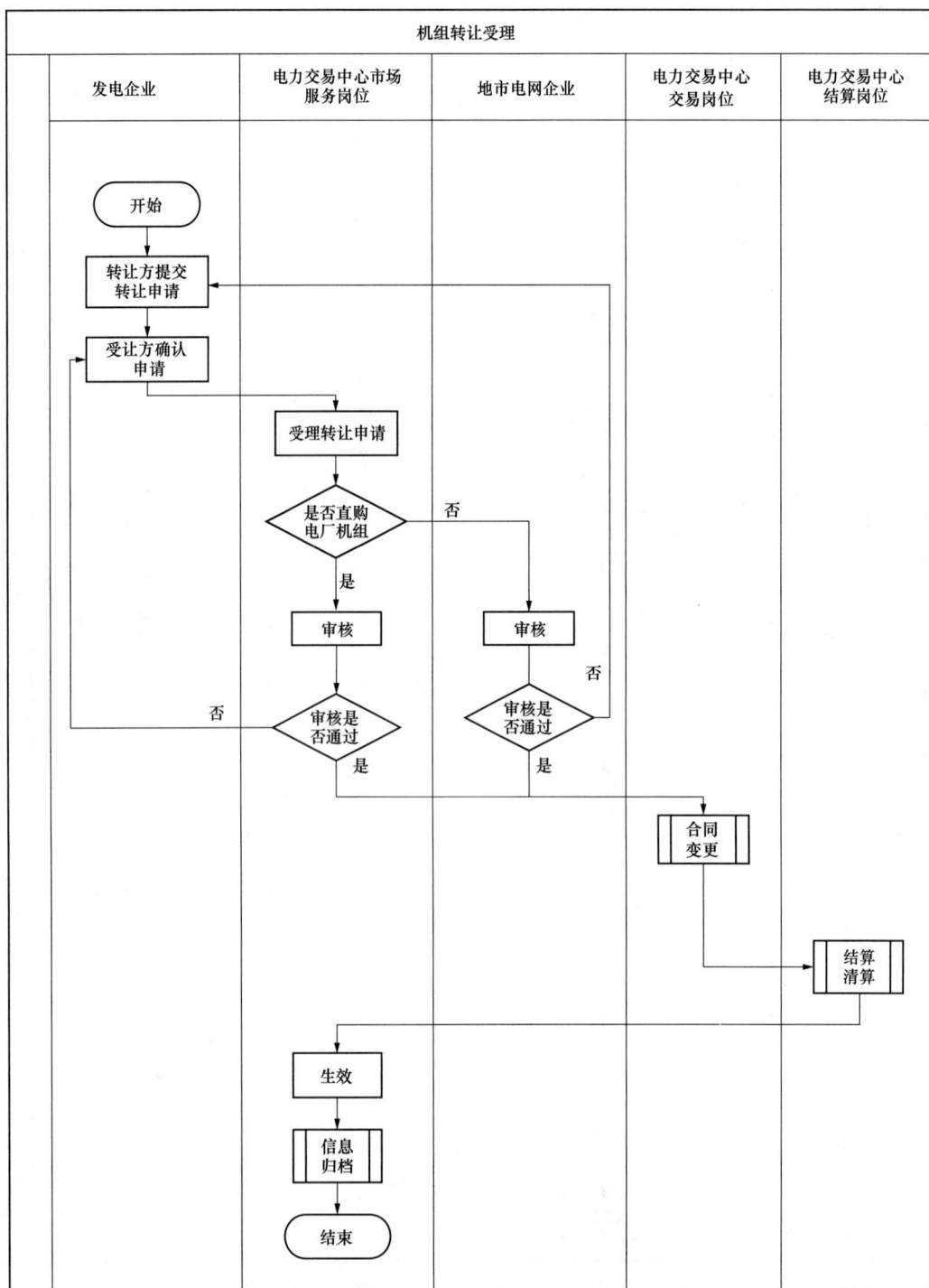

图 5-10 机组转让受理流程图

5.3.2.1.10 机组注销受理流程图

机组注销受理流程图见图 5-11。

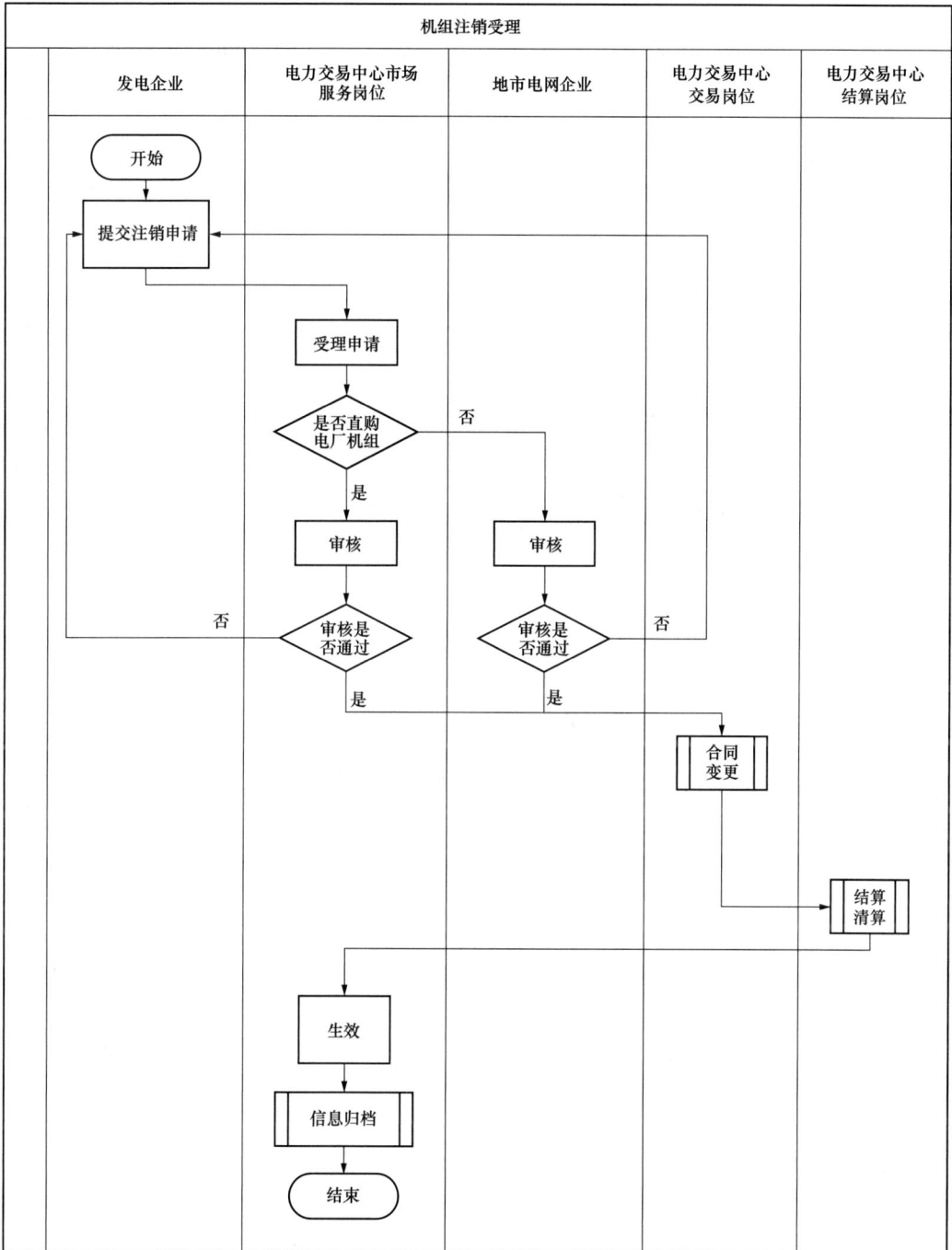

图 5-11　机组注销受理流程图

5.3.2.1.11　发电企业类型转换受理流程图

发电企业类型转换受理流程图见图 5-12。

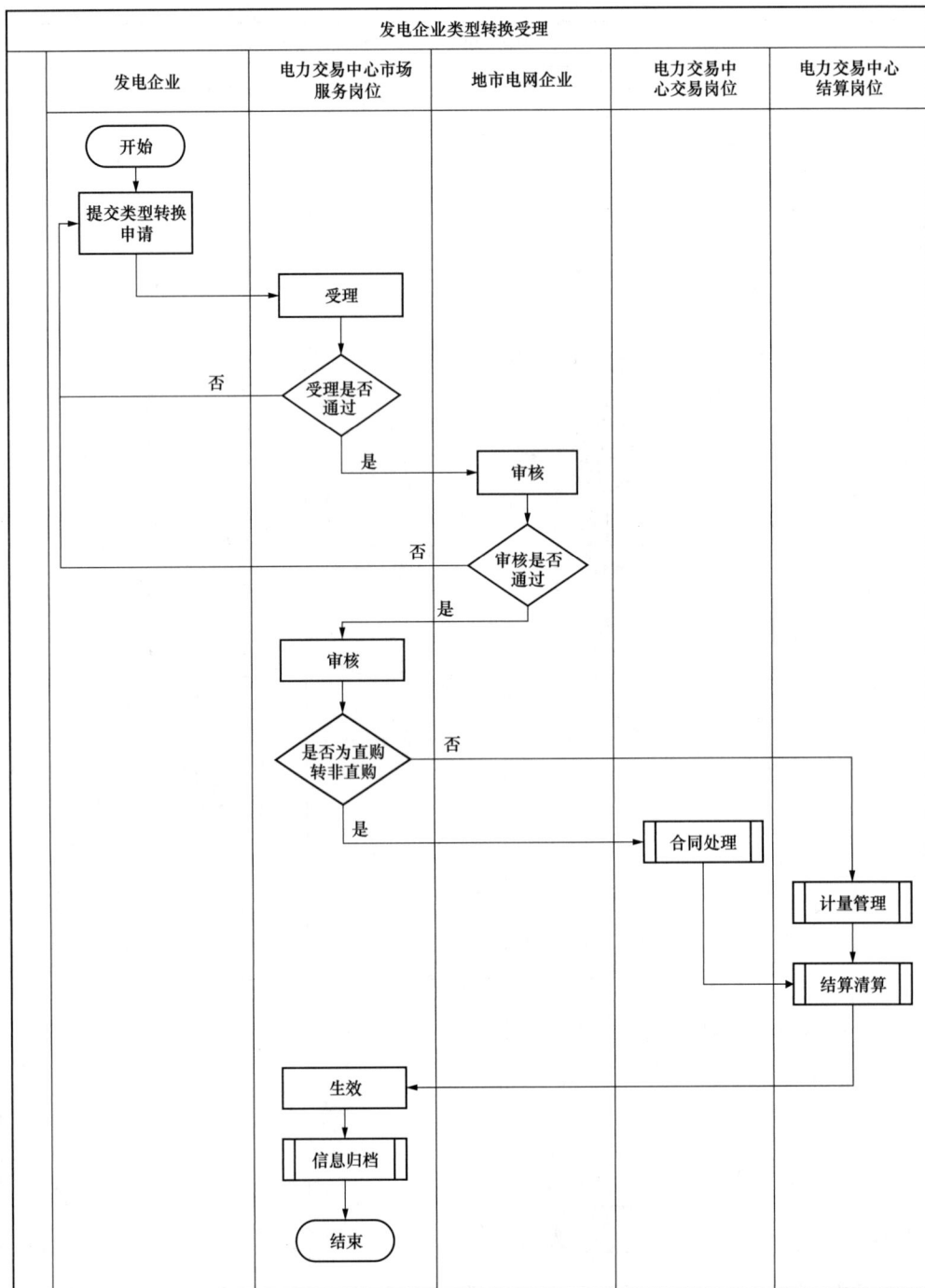

图 5-12　发电企业类型转换受理流程图

5.3.2.1.12　电力用户基本信息变更受理流程图

电力用户基本信息变更受理流程图见图 5-13。

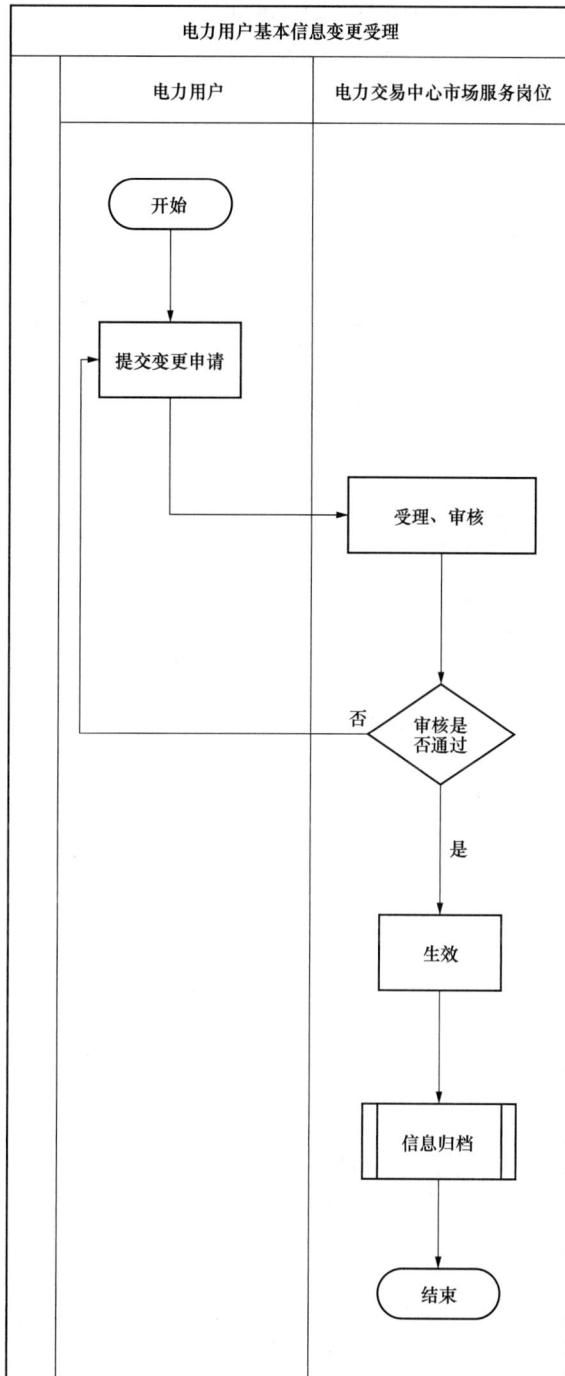

图 5-13　电力用户基本信息变更受理流程图

5.3.2.1.13 用户计量点信息变更受理流程图

用户计量点信息变更受理流程图见图 5-14。

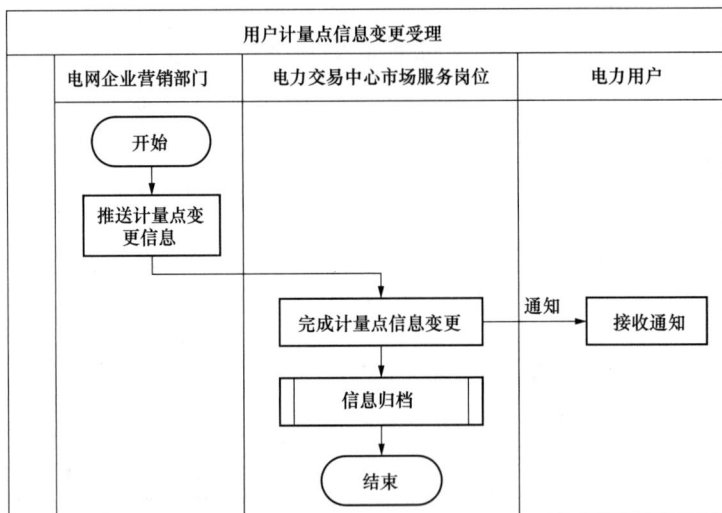

图 5-14   用户计量点信息变更受理流程图

5.3.2.1.14 电力用户类型转换受理流程图

电力用户类型转换受理流程图见图 5-15。

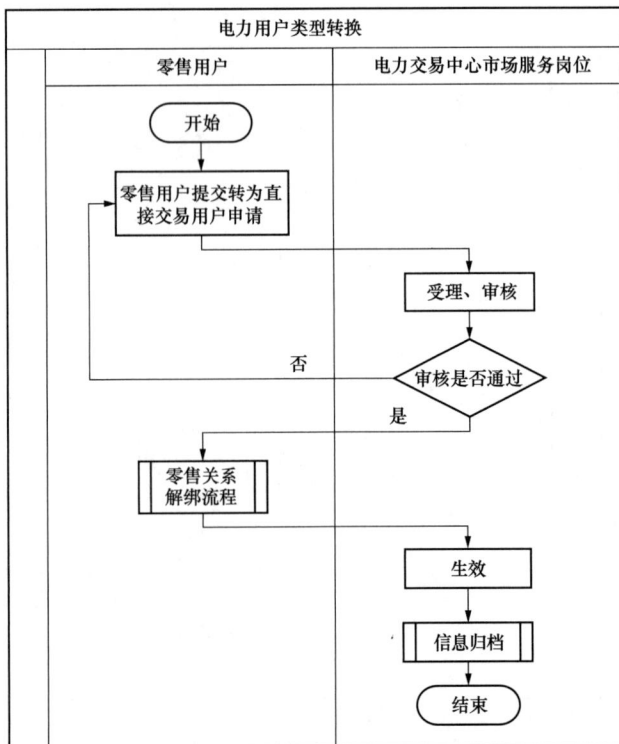

图 5-15   电力用户类型转换受理流程图

5.3.2.1.15 售电公司变更受理流程图

售电公司变更受理流程图见图 5-16。

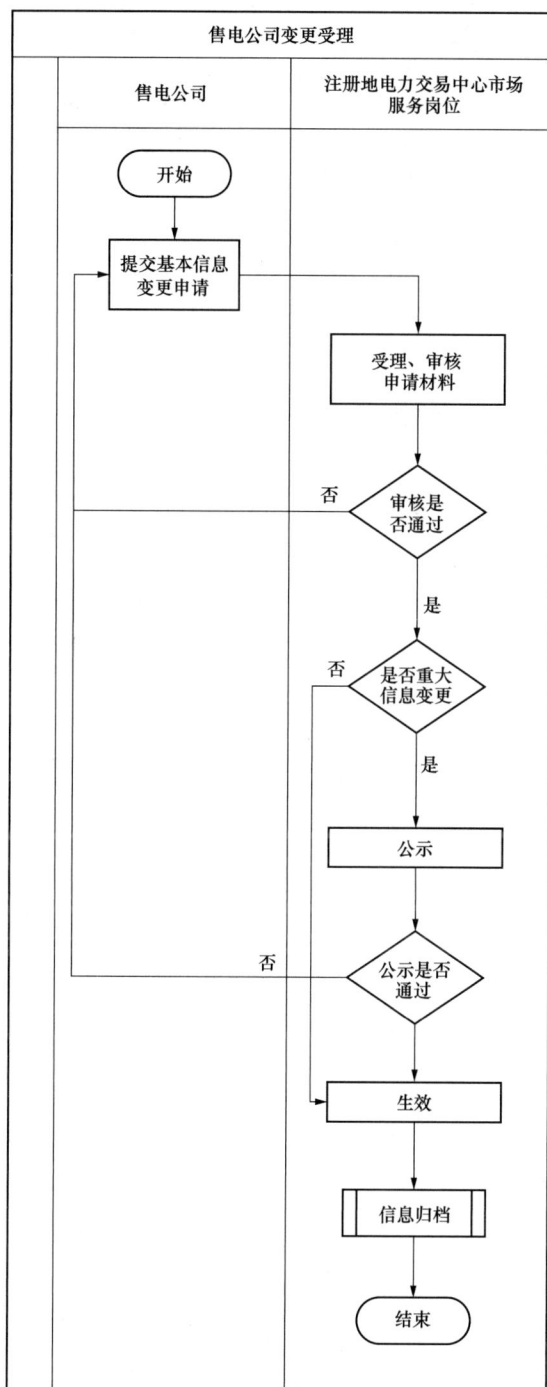

图 5-16 售电公司变更受理流程图

5.3.2.1.16 电网企业变更受理流程图

电网企业变更受理流程图见图 5-17。

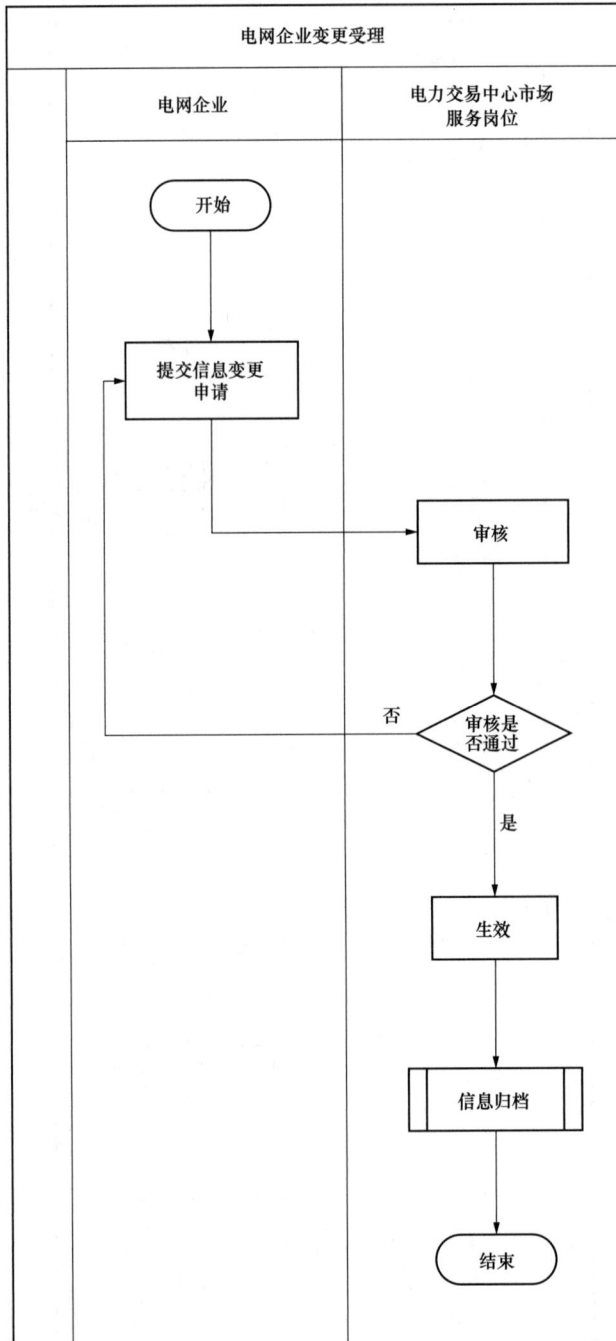

图 5-17 电网企业变更受理流程图

5.3.2.1.17 独立储能变更受理流程图

独立储能变更受理流程图见图 5-18。

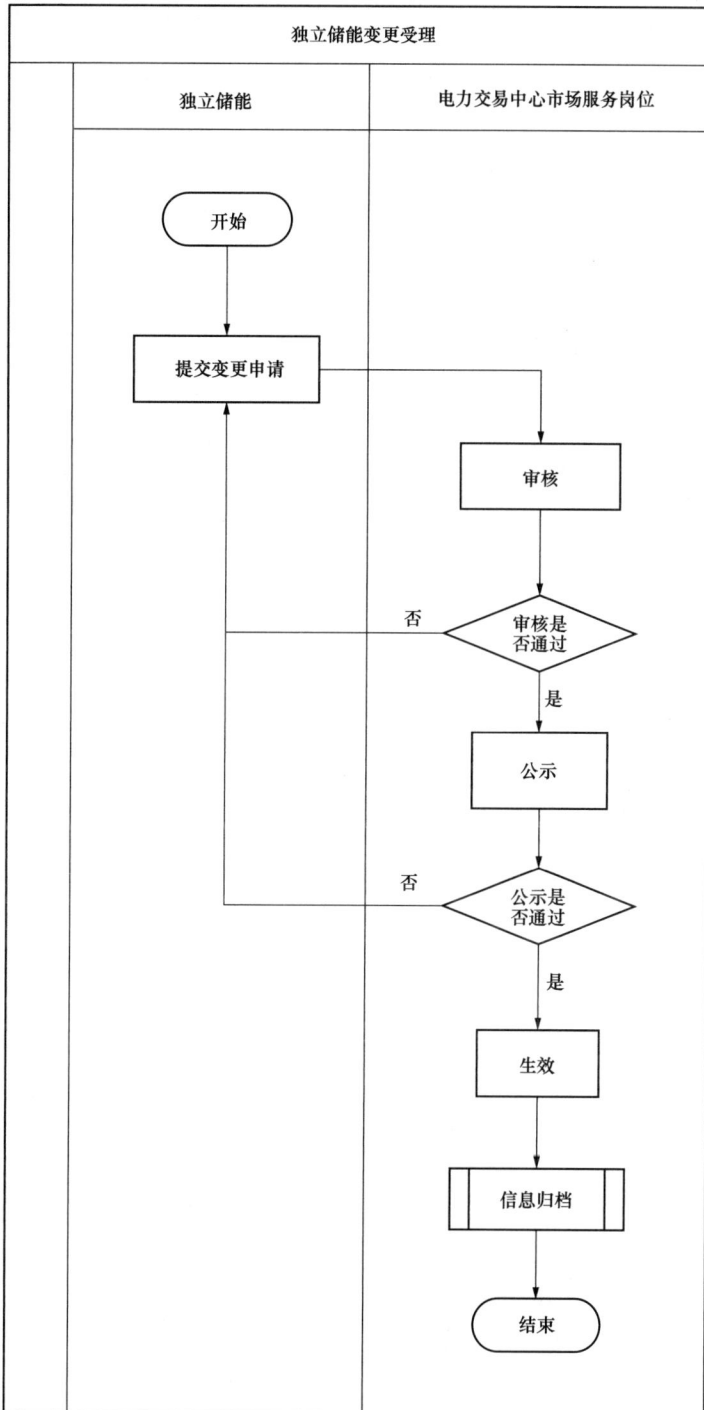

图 5-18 独立储能变更受理流程图

5.3.2.1.18　发电企业注销受理流程图

发电企业注销受理流程图见图 5-19。

发电企业注销				
发电企业	电力交易中心市场服务岗位	地市电网企业	电力交易中心交易岗位	电力交易中心结算岗位

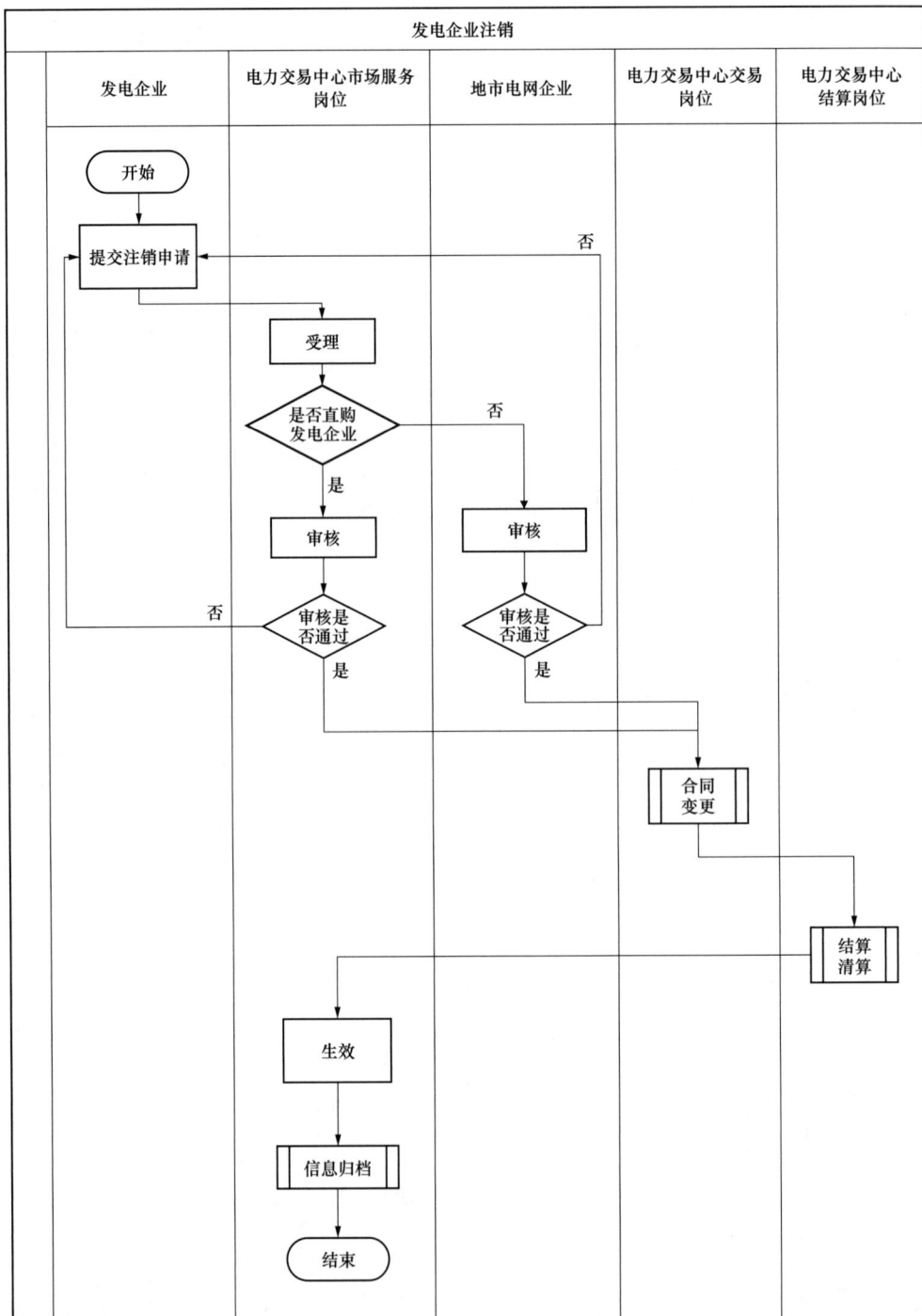

图 5-19　发电企业注销受理流程图

5.3.2.1.19 电力用户注销受理流程图

电力用户注销受理流程图见图 5-20。

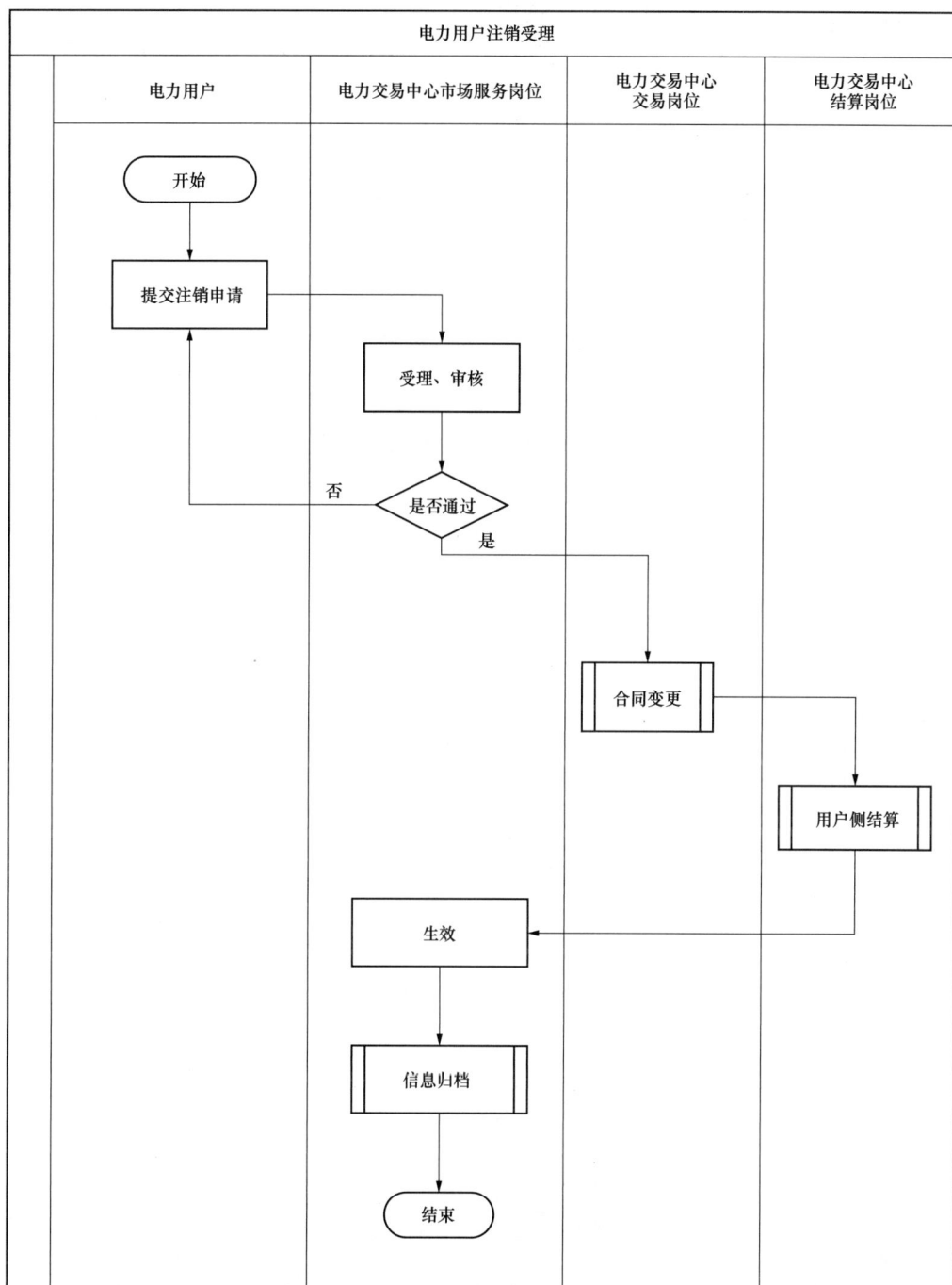

电力用户注销受理			
电力用户	电力交易中心市场服务岗位	电力交易中心交易岗位	电力交易中心结算岗位

```
电力用户                  电力交易中心市场服务岗位      电力交易中心交易岗位     电力交易中心结算岗位

   ┌────────┐
   (  开始  )
   └───┬────┘
       │
   ┌───▼────┐
   │提交注销申请│──────────┐
   └───▲────┘             │
       │             ┌────▼────┐
       │             │ 受理、审核 │
       │             └────┬────┘
       │        否        │
       └───────────◇ 是否通过 ◇
                    └────┬────┘
                       是 │
                         │               ┌────────┐
                         └───────────────│ 合同变更 │────────────┐
                                         └────┬───┘             │
                                                          ┌─────▼─────┐
                                                          │  用户侧结算 │
                                                          └─────┬─────┘
                         ┌────────┐                            │
                         │  生效  │◄───────────────────────────┘
                         └───┬────┘
                         ┌───▼────┐
                         │ 信息归档 │
                         └───┬────┘
                         ┌───▼────┐
                         (  结束  )
                         └────────┘
```

图 5-20　电力用户注销受理流程图

5.3.2.1.20　售电公司注销受理流程图

售电公司注销受理流程图见图 5-21。

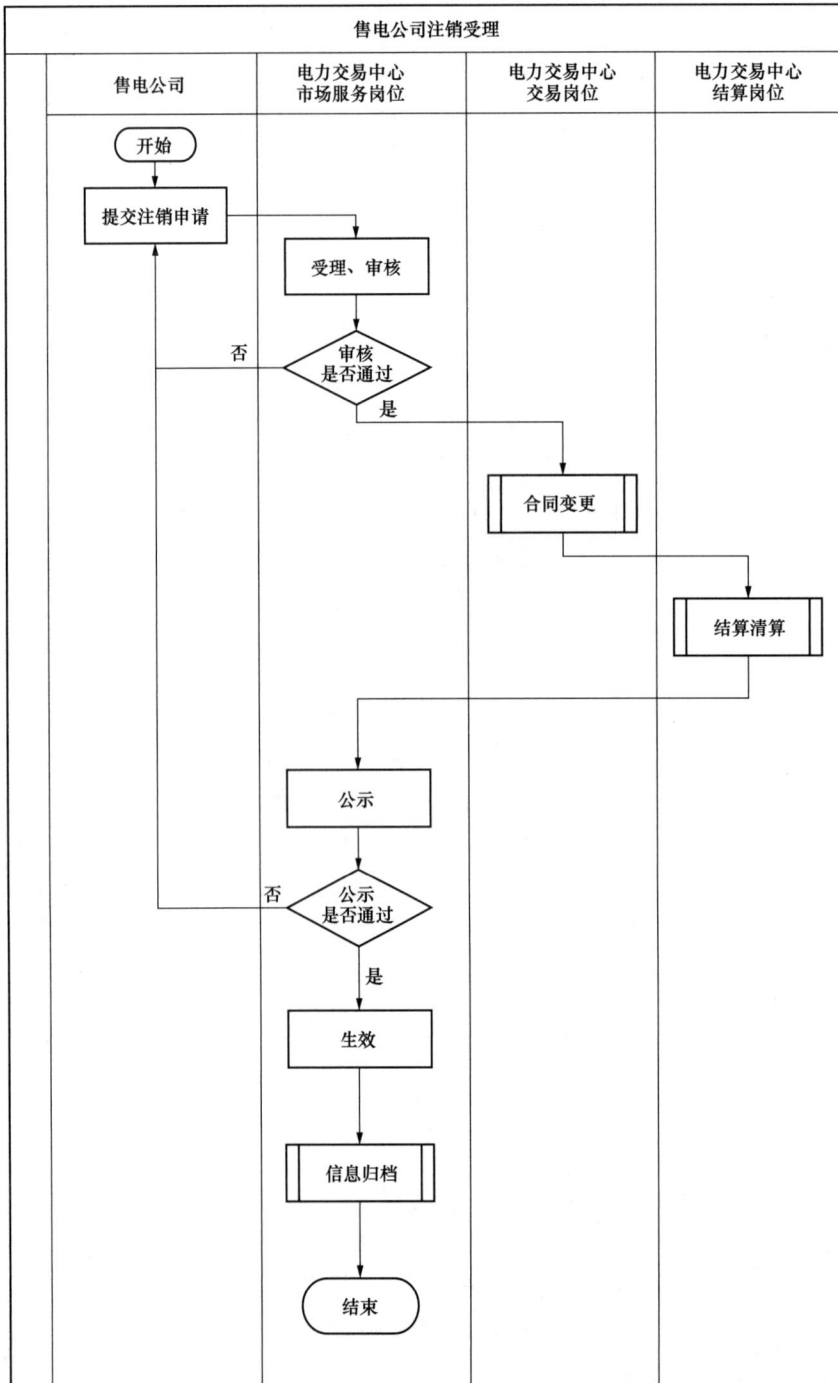

图 5-21　售电公司注销受理流程图

5.3.2.1.21 电网企业注销受理流程图

电网企业注销受理流程图见图 5-22。

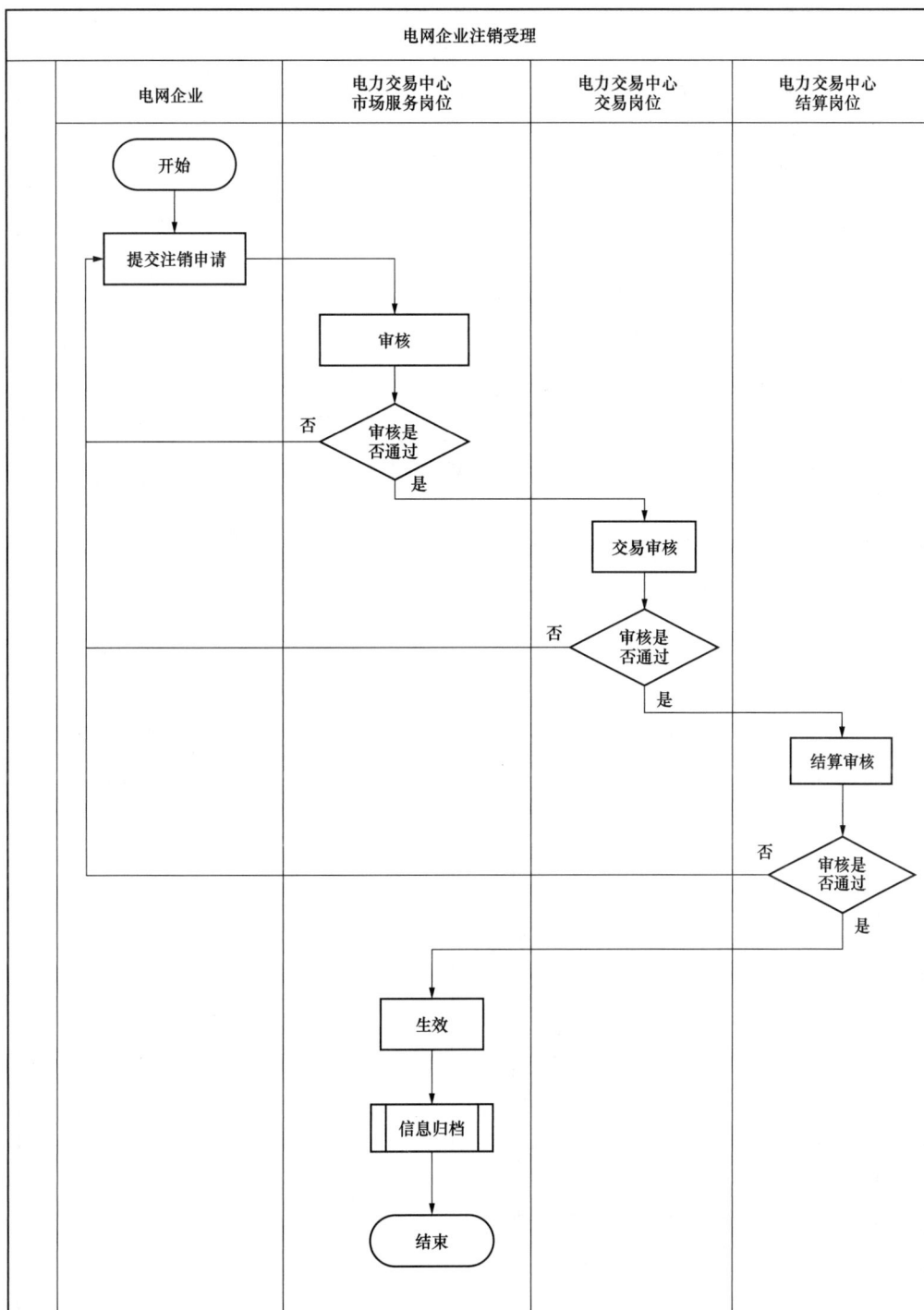

图 5-22 电网企业注销受理流程图

5.3.2.1.22　独立储能注销受理流程图

独立储能注销受理流程图见图 5-23。

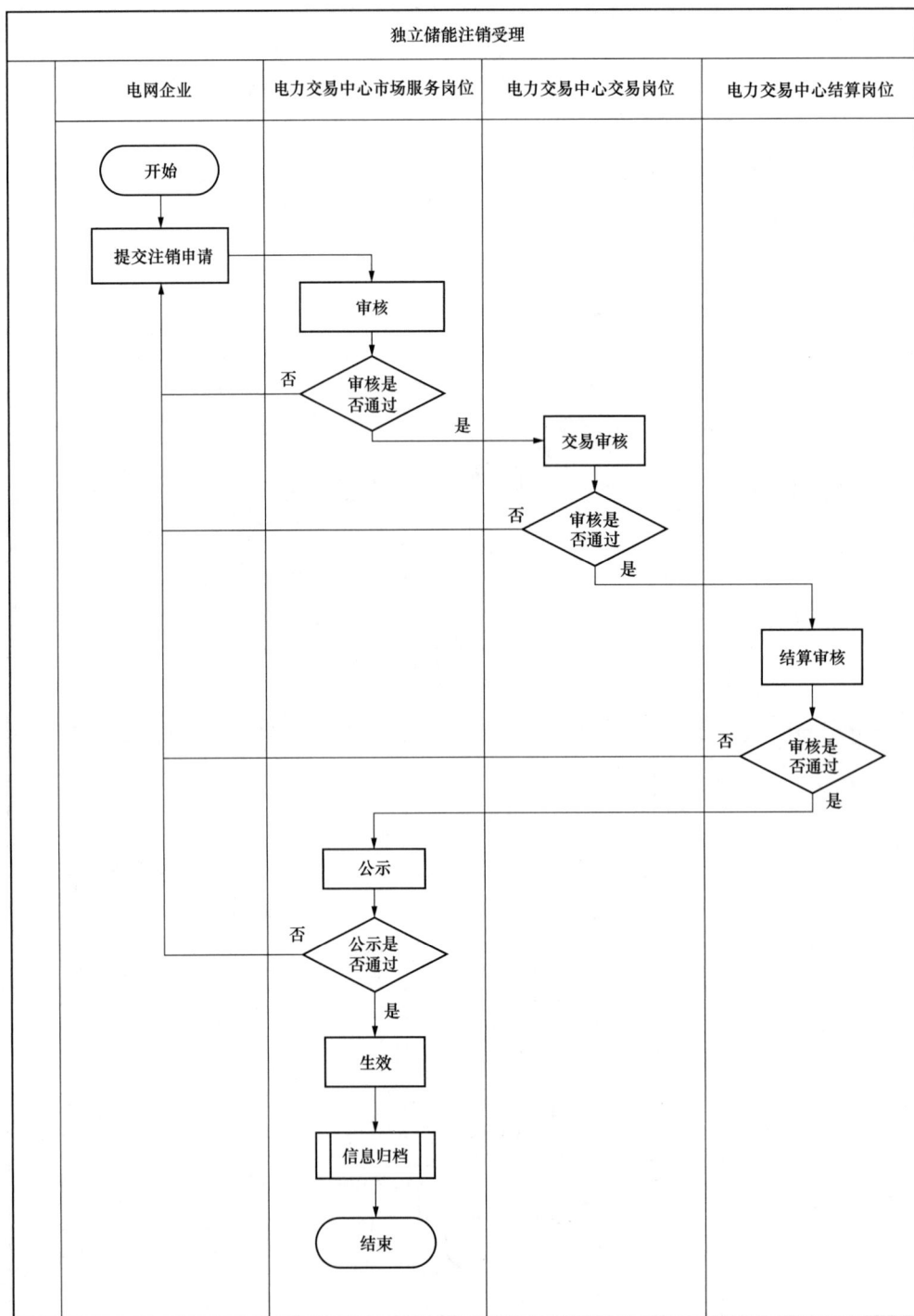

图 5-23　独立储能注销受理流程图

5.3.2.2　零售市场管理

5.3.2.2.1　售电公司店铺管理流程图

售电公司店铺管理流程图见图 5-24。

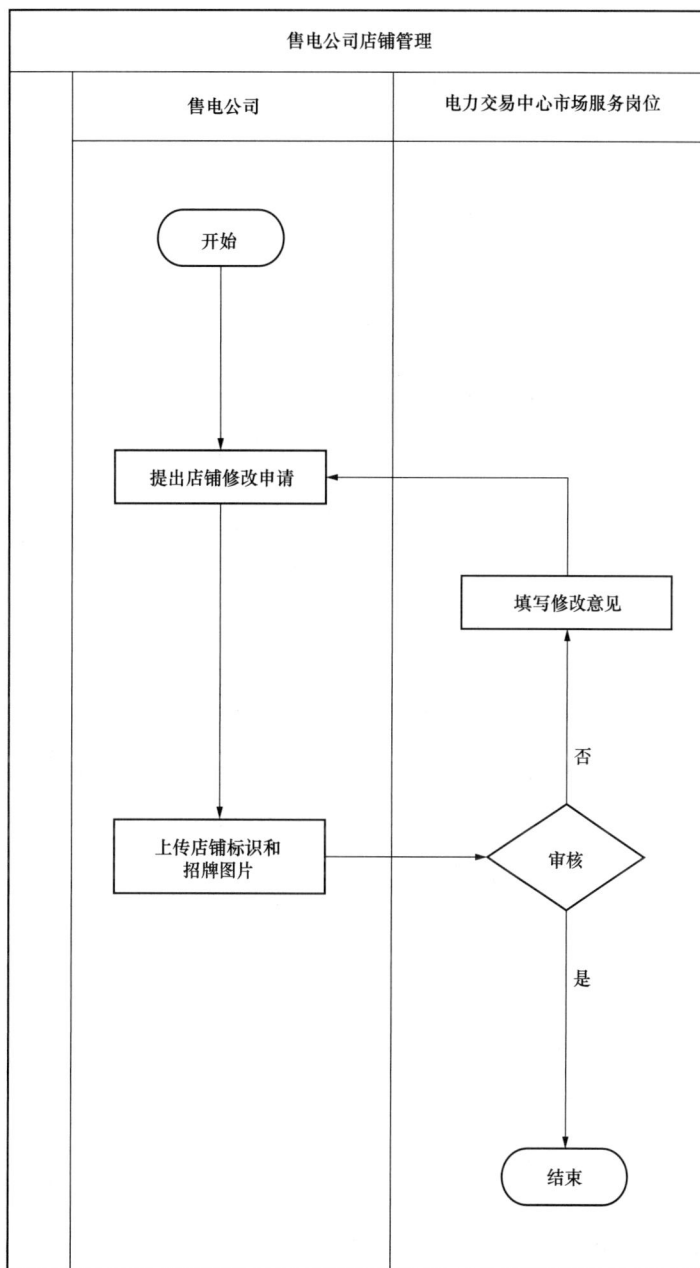

图 5-24　售电公司店铺管理流程图

5.3.2.2.2 售电公司绑定零售用户流程图

售电公司绑定零售用户流程图见图 5-25。

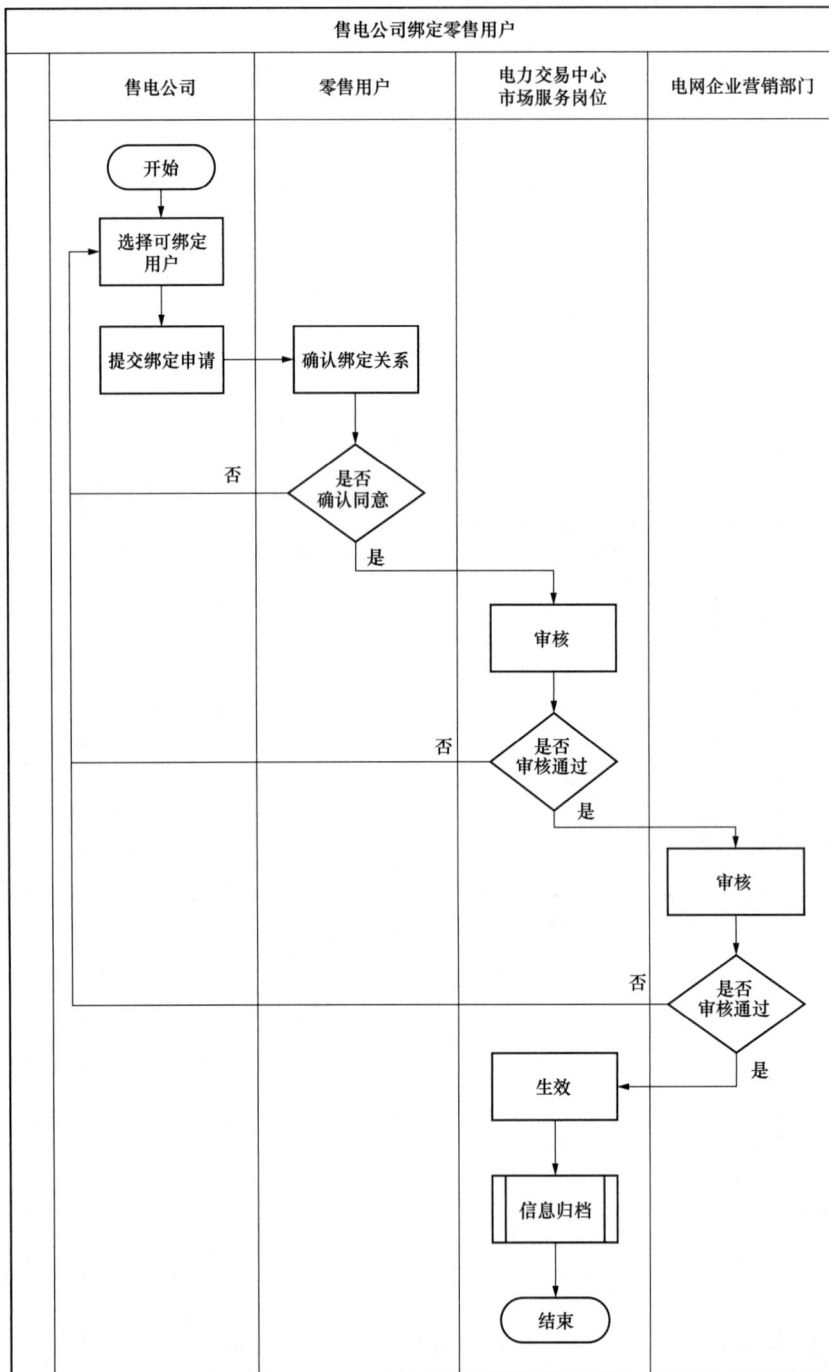

图 5-25   售电公司绑定零售用户流程图

5.3.2.2.3　零售用户绑定售电公司流程图

零售用户绑定售电公司流程图见图 5-26。

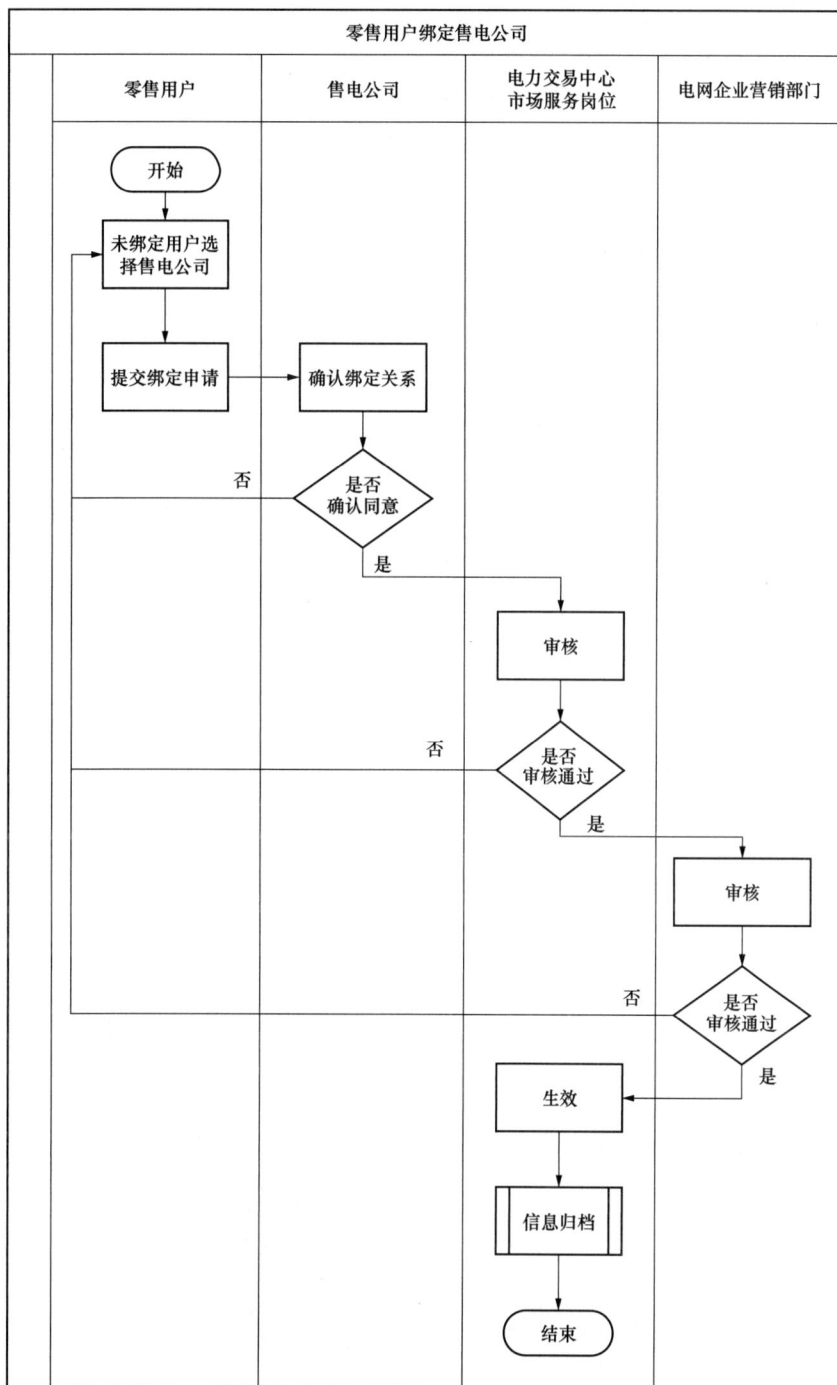

图 5-26　零售用户绑定售电公司流程图

5.3.2.2.4　零售关系解绑流程图

零售关系解绑流程图见图 5-27。

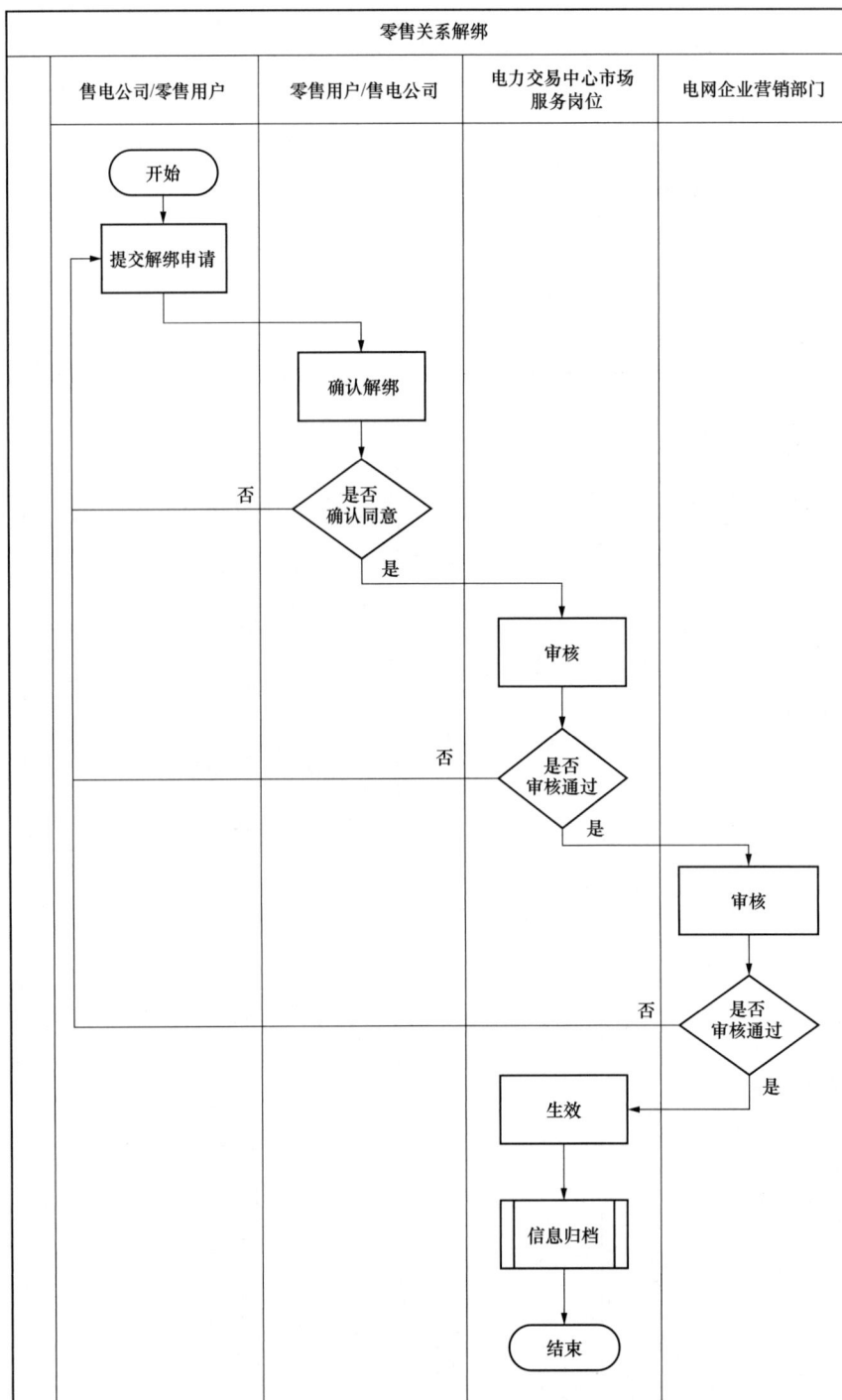

图 5-27　零售关系解绑流程图

5.3.3 业务流程分项说明

5.3.3.1 发电企业注册受理流程活动清单

发电企业注册受理流程活动清单见表5-3。

表 5-3　　　　　　　　　　　发电企业注册受理流程活动清单

活动编号	业务活动名称
BP-BD-SCFW-0101-0001	发电企业注册信息提交
BP-BD-SCFW-0101-0002	电力交易中心审核
BP-BD-SCFW-0101-0003	电网企业审核
BP-BD-SCFW-0101-0004	电力交易中心公示
BP-BD-SCFW-0101-0005	电力交易中心生效

5.3.3.1.1 发电企业注册信息提交

发电企业注册信息提交见表5-4。

表 5-4　　　　　　　BP-BD-SCFW-0101-0001 发电企业注册信息提交

活动编号	BP-BD-SCFW-0101-0001	活动名称	发电企业注册信息提交
使用组织单元	发电企业	使用岗位编号	G5004、G5005
活动描述	发电企业填写注册信息并提交注册申请		
输入业务信息编号	BI-BD-SCFW-0105		
输出业务信息编号	BI-BD-SCFW-0105		
业务步骤/业务规则	（1）符合市场参与条件的发电企业，可以自愿到其所在地电力交易中心进行市场注册。发电企业通过信息外网登录平台，填写企业详细信息，进行注册申请。 （2）发电企业进行正式提交注册信息前，需首先了解注册须知、下载并签订入市承诺书，在相关条款范围内开展入市注册工作。 （3）注册信息提交成功后，创建企业临时账号，注册申请人可以用此账号查看注册状态。 （4）发电企业需登记其企业信息，企业信息包括企业基本信息、商务信息、联系信息、机组信息四大类		
非功能要求	用户登录平均响应时间：业务正常时小于2s，业务高峰时小于3s； 基本提交操作响应时间：业务正常时小于2s，业务高峰时小于3s		

5.3.3.1.2　电力交易中心审核

电力交易中心审核见表 5-5。

表 5-5　　　　　　　　**BP-BD-SCFW-0101-0002 电力交易中心审核**

活动编号	BP-BD-SCFW-0101-0002	活动名称	电力交易中心审核
使用组织单元	电力交易中心市场服务岗位、结算岗位	使用岗位编号	G2005、G2004
活动描述	对直购发电企业注册申请进行审核		
输入业务信息编号	BI-BD-SCFW-0105		
输出业务信息编号	BI-BD-SCFW-0105、BI-BD-SCFW-0118		
业务步骤/业务规则	（1）电力交易中心市场服务岗位管理注册申请。受理后，如果是直购发电企业，市场服务岗位对其填写的相关企业注册材料进行形式审核。审核通过后提交结算岗位进行计量管理相关工作。 （2）如申请注册信息有误或上传的电子材料缺少，将其注册申请进行驳回操作，同时短信通知相关注册联系人，并注明驳回原因，将驳回原因及驳回次数进行记录，以便用户登录平台查看相关审批信息，同时作为对后续市场服务考核依据		
非功能要求	业务正常时小于 2s，业务高峰时小于 3s		

5.3.3.1.3　电网企业审核

电网企业审核见表 5-6。

表 5-6　　　　　　　　**BP-BD-SCFW-0101-0003 电网企业审核**

活动编号	BP-BD-SCFW-0101-0003	活动名称	电网企业审核
使用组织单元	电网企业营销部门	使用岗位编号	G3001
活动描述	对非直购发电企业进行审核		
输入业务信息编号	BI-BD-SCFW-0105		
输出业务信息编号	BI-BD-SCFW-0105、BI-BD-SCFW-0118		
业务步骤/业务规则	非直购发电企业发送至所属购售电结算单位的电网企业营销部门形式审核，同时通过短信等方式通知相关注册人，以便登录电力交易平台进行相关业务的开展。同时，将发电企业信息发送至结算岗位进行计量信息维护的相关工作		
非功能要求	业务正常时小于 2s，业务高峰时小于 3s		

5.3.3.1.4　电力交易中心公示

电力交易中心公示见表 5-7。

表 5-7   BP-BD-SCFW-0101-0004 电力交易中心公示

活动编号	BP-BD-SCFW-0101-0004	活动名称	电力交易中心公示
使用组织单元	电力交易中心市场服务岗位	使用岗位编号	G2005
活动描述	对审核通过的发电企业进行公示		
输入业务信息编号	BI-BD-SCFW-0105		
输出业务信息编号	BI-BD-SCFW-0105		
业务步骤/业务规则	（1）发电企业公示流程按照国家、地方政府主管部门要求自行设置。 （2）若有公示流程，发电企业注册信息处于待公示状态时可进行公示操作，公示期默认 1 个月，公示期内存在异议且属实的进行公示不通过操作，并记录公示不通过原因，以便发电企业查看		
非功能要求	业务正常时小于 2s，业务高峰时小于 3s		

5.3.3.1.5   电力交易中心生效

电力交易中心生效见表 5-8。

表 5-8   BP-BD-SCFW-0101-0005 电力交易中心生效

活动编号	BP-BD-SCFW-0101-0005	活动名称	电力交易中心生效
使用组织单元	电力交易中心市场服务岗位	使用岗位编号	G2005
活动描述	对审核通过的发电企业注册申请进行生效操作		
输入业务信息编号	BI-BD-SCFW-0105		
输出业务信息编号	BI-BD-SCFW-0105		
业务步骤/业务规则	公示通过后，发电企业注册生效，电力交易中心市场服务岗位进行信息归档，并通知市场主体开展证书办理相关工作		
非功能要求	业务正常时小于 2s，业务高峰时小于 3s		

5.3.3.2   电力用户注册受理流程活动清单

电力用户注册受理流程活动清单见表 5-9。

表 5-9   电力用户注册受理流程活动清单

活动编号	业务活动名称
BP-BD-SCFW-0102-0001	电力用户注册信息提交

活动编号	业务活动名称
BP-BD-SCFW-0102-0002	电力交易中心审核
BP-BD-SCFW-0102-0003	电力交易中心公示
BP-BD-SCFW-0102-0004	电力交易中心生效

5.3.3.2.1　电力用户注册信息提交

电力用户注册信息提交见表 5-10。

表 5-10　　　　　　　　**BP-BD-SCFW-0102-0001 电力用户注册信息提交**

活动编号	BP-BD-SCFW-0102-0001	活动名称	电力用户注册信息提交
使用组织单元	电力用户	使用岗位编号	G5004、G5005
活动描述	电力用户填写注册信息并提交注册申请		
输入业务信息编号	BI-BD-SCFW-0106		
输出业务信息编号	BI-BD-SCFW-0106		
业务步骤/业务规则	（1）电力用户可以自愿到其所在地电力交易中心进行市场注册，通过登录交易平台外网自主完成注册信息填报并提交。 （2）电力用户填报其用户信息，用户信息包括用户基本信息、商务信息、联系信息、附件信息四大类。 （3）电力用户可以根据户号与密码从电网企业营销系统获取对应的用电单元信息		
非功能要求	用户登录平均响应时间：业务正常时小于 2s，业务高峰时小于 3s； 基本提交操作响应时间：业务正常时小于 2s，业务高峰时小于 3s		

5.3.3.2.2　电力交易中心审核

电力交易中心审核见表 5-11。

表 5-11　　　　　　　　**BP-BD-SCFW-0102-0002 电力交易中心审核**

活动编号	BP-BD-SCFW-0102-0002	活动名称	电力交易中心审核
使用组织单元	电力交易中心市场服务岗位	使用岗位编号	G2005
活动描述	对电力用户注册申请进行审核		
输入业务信息编号	BI-BD-SCFW-0106		
输出业务信息编号	BI-BD-SCFW-0106、BI-BD-SCFW-0118		

续表

业务步骤/业务规则	（1）电力交易中心市场服务岗位受理注册申请。根据电力用户注册要求确定用户是否具备注册条件，如不满足要求，向用户反馈原因。 （2）如符合市场注册条件的电力用户注册信息缺失，则需要电力用户完成用户信息补录。 （3）如申请注册信息有误或上传的电子材料缺少，将其注册申请进行驳回操作，同时短信通知相关注册人，并注明驳回原因，记录驳回原因及驳回次数，用户可登录平台查看审核信息。 （4）被驳回后的电力用户使用注册时申请的账号信息登录外网系统，根据驳回意见做相应修改后，重新提交申请。 （5）电力用户注册信息提交成功后，电力用户可通过此账号查看注册状态。注册生效后，账号自动生效为正式账号，赋予电力用户相关系统权限
非功能要求	业务正常时小于 2s，业务高峰时小于 3s

5.3.3.2.3 电力交易中心公示

电力交易中心公示见表 5-12。

表 5-12 **BP-BD-SCFW-0102-0003 电力交易中心公示**

活动编号	BP-BD-SCFW-0102-0003	活动名称	电力交易中心公示
使用组织单元	电力交易中心市场服务岗位	使用岗位编号	G2005
活动描述	对审核通过的电力用户进行公示		
输入业务信息编号	BI-BD-SCFW-0106		
输出业务信息编号	BI-BD-SCFW-0106		
业务步骤/业务规则	（1）电力用户公示流程按照国家、地方政府主管部门要求自行设置。 （2）若有公示流程，电力用户注册信息处于待公示状态时可进行公示操作，公示期默认 1 个月，公示期内存在异议且属实的进行公示不通过操作，并记录公示不通过原因，以便电力用户查看		
非功能要求	业务正常时小于 2s，业务高峰时小于 3s		

5.3.3.2.4 电力交易中心生效

电力交易中心生效见表 5-13。

表 5-13 **BP-BD-SCFW-0102-0004 电力交易中心生效**

活动编号	BP-BD-SCFW-0102-0004	活动名称	电力交易中心生效
使用组织单元	电力交易中心市场服务岗位	使用岗位编号	G2005

续表

活动描述	对审核通过的电力用户注册申请进行生效操作
输入业务信息编号	BI-BD-SCFW-0106
输出业务信息编号	BI-BD-SCFW-0106
业务步骤/业务规则	公示并通过电力交易中心市场服务岗位审批后，注册生效并进行信息归档
非功能要求	业务正常时小于 2s，业务高峰时小于 3s

5.3.3.3 售电公司注册受理流程活动清单

售电公司注册受理流程活动清单见表 5-14。

表 5-14   活 动 清 单

活动编号	业务活动名称
BP-BD-SCFW-0103-0001	售电公司注册信息提交
BP-BD-SCFW-0103-0002	电力交易中心审核
BP-BD-SCFW-0103-0003	电力交易中心公示
BP-BD-SCFW-0103-0004	电力交易中心生效

5.3.3.3.1 售电公司注册信息提交

售电公司注册信息提交见表 5-15。

表 5-15   **BP-BD-SCFW-0103-0001 售电公司注册信息提交**

活动编号	BP-BD-SCFW-0103-0001	活动名称	售电公司注册信息提交
使用组织单元	售电公司	使用岗位编号	G5004、G5005
活动描述	售电公司填写注册信息并提交注册申请		
输入业务信息编号	BI-BD-SCFW-0107		
输出业务信息编号	BI-BD-SCFW-0107		
业务步骤/业务规则	（1）符合注册条件的售电公司，自愿到任一电力交易中心进行市场注册，并提交相关资料，进行注册申请。 （2）符合注册条件的售电公司，可以自愿到其开展业务的省电力交易中心进行市场注册。售电公司通过信息外网登录平台，填写企业详细信息，进行注册申请。具体注册内容包括：		

业务步骤/业务规则	1）入市承诺书签订。售电公司进行正式提交注册信息前，需首先了解注册须知、不在相关条款范围内开展入市注册工作。 2）账号注册。注册信息提交成功后，创建企业账号，注册申请人可以用此账号查看注册状态。 3）企业信息登记。 （3）售电公司需登记其企业信息，企业信息包括企业基本信息、商务信息、联系信息、从业人员、股东构成信息。另外，具有配网运营权的售电公司还需要登记其配网基本信息。 （4）注册信息审核或公示驳回后，需根据驳回意见完成整改后重新提交注册申请
非功能要求	用户登录平均响应时间：业务正常时小于 2s，业务高峰时小于 3s； 基本提交操作响应时间：业务正常时小于 2s，业务高峰时小于 3s

5.3.3.3.2　电力交易中心审核

电力交易中心审核见表 5-16。

表 5-16　　　　　　　　**BP-BD-SCFW-0103-0002 电力交易中心审核**

活动编号	BP-BD-SCFW-0103-0002	活动名称	电力交易中心审核
使用组织单元	电力交易中心市场服务岗位	使用岗位编号	G2005
活动描述	对售电公司注册申请进行审核		
输入业务信息编号	BI-BD-SCFW-0107		
输出业务信息编号	BI-BD-SCFW-0107		
业务步骤/业务规则	（1）售电公司完成注册信息填报后，将注册申请提交到注册地电力交易中心，注册地电力交易中心市场服务岗位进行注册受理、审批工作。 （2）对售电公司外网自主注册的申请材料进行审核，注册信息包括售电公司基本信息及相关附件、联系人信息、从业人员信息及相关附件、股东构成信息，若注册信息审核无误，则将此售电公司注册申请信息标记为已审核通过并受理，同时短信通知相关售电公司注册联系人；如果审核不通过则驳回该售电公司注册申请，并短信通知相关申请人，同时记录此售电公司注册申请的驳回原因、驳回次数累加 1 次，以便用户登录平台查看相关审批信息。 （3）注册地电力交易中心受理并审核通过后发送至业务范围地交易中心进行审核，业务范围地交易中心根据本省业务要求开展审核工作		
非功能要求	业务正常时小于 2s，业务高峰时小于 3s		

5.3.3.3.3 电力交易中心公示

电力交易中心公示见表 5-17。

表 5-17   **BP-BD-SCFW-0103-0003 电力交易中心公示**

活动编号	BP-BD-SCFW-0103-0003	活动名称	电力交易中心公示
使用组织单元	电力交易中心市场服务岗位	使用岗位编号	G2005
活动描述	电力交易中心市场服务岗位对审核通过的售电公司进行公示		
输入业务信息编号	BI-BD-SCFW-0107		
输出业务信息编号	BI-BD-SCFW-0107		
业务步骤/业务规则	如果售电公司注册信息在注册地电力交易中心交易平台已处于公示或生效状态，则受理通过的售电公司在业务范围电力交易平台可进行公示，公示期默认 1 个月，公示期内存在异议且属实的进行公示不通过操作，并将状态推送至注册地电力交易中心交易平台，并记录公示不通过原因，以便售电公司查看		
非功能要求	业务正常时小于 2s，业务高峰时小于 3s		

5.3.3.3.4 电力交易中心生效

电力交易中心生效见表 5-18。

表 5-18   **BP-BD-SCFW-0103-0004 电力交易中心生效**

活动编号	BP-BD-SCFW-0103-0004	活动名称	电力交易中心生效
使用组织单元	电力交易中心市场服务岗位	使用岗位编号	G2005
活动描述	对审核通过的售电公司注册申请进行生效操作		
输入业务信息编号	BI-BD-SCFW-0107		
输出业务信息编号	BI-BD-SCFW-0107		
业务步骤/业务规则	（1）注册地电力交易中心公示期满且无异议的，注册地电力交易中心市场服务岗位对其注册做生效操作，并进行信息归档，其注册的登录账号转为正式账号，完成后短信通知售电公司注册联系人。 （2）业务范围地电力交易中心公示期满且无异议的，进行公示通过操作并发送注册地交易中心进行生效操作，添加业务范围地并进行信息归档，本业务范围生效后售电公司注册信息发送至本省		
非功能要求	无		

5.3.3.4 电网企业注册受理流程活动清单

电网企业注册受理流程活动清单见表 5-19。

表 5-19   电网企业注册受理流程活动清单

活动编号	业务活动名称
BP-BD-SCFW-0104-0001	电网企业注册信息提交
BP-BD-SCFW-0104-0002	电力交易中心审核
BP-BD-SCFW-0104-0003	电力交易中心生效

5.3.3.4.1　电网企业注册信息提交

电网企业注册信息提交见表 5-20。

表 5-20   **BP-BD-SCFW-0104-0001 电网企业注册信息提交**

活动编号	BP-BD-SCFW-0104-0001	活动名称	电网企业注册信息提交
使用组织单元	电网企业	使用岗位编号	G5004、G5005
活动描述	电网企业登录电力交易平台，填报注册信息并提交注册申请		
输入业务信息编号	BI-BD-SCFW-0006		
输出业务信息编号	BI-BD-SCFW-0006		
业务步骤/业务规则	（1）符合市场参与条件的电网企业可以自愿到其所在地电力交易中心进行市场注册，通过登录交易平台外网自主完成注册信息填报并提交，注册信息主要包括账号信息、企业信息、上级电网企业、许可证信息、相关附件信息等。 （2）电网企业提交注册申请后，可登录平台查看审核流程信息，并根据审核意见进行注册信息修改		
非功能要求	注册信息保存平均响应时间：业务正常时小于 2s，业务高峰时小于 3s； 注册提交操作平均响应时间：业务正常时小于 2s，业务高峰时小于 3s		

5.3.3.4.2　电力交易中心审核

电力交易中心审核见表 5-21。

表 5-21   **BP-BD-SCFW-0104-0002 电力交易中心审核**

活动编号	BP-BD-SCFW-0104-0002	活动名称	电力交易中心审核
使用组织单元	电力交易中心市场服务岗位	使用岗位编号	G2005
活动描述	对电网企业的注册申请信息进行规范性审核		
输入业务信息编号	BI-BD-SCFW-0002		

输出业务信息编号	BI-BD-SCFW-0002
业务步骤/业务规则	（1）电力交易中心在收到电网企业的注册申请后，可受理其申请，并审核其信息的完整性、规范性，如审核无问题，可通过其申请，同时以短信方式通知相关注册联系人。 （2）如电网企业注册申请有误，电力交易中心市场服务岗位驳回电网企业的注册申请，同时通过短信方式通知相关注册联系人，并注明驳回原因
非功能要求	信息查看操作平均响应时间：业务正常时小于2s，业务高峰时小于3s； 审核结果提交操作平均响应时间：业务正常时小于2s，业务高峰时小于3s

5.3.3.4.3　电力交易中心生效

电力交易中心生效见表5-22。

表5-22　　　　　　　　　　BP-BD-SCFW-0104-0003 电力交易中心生效

活动编号	BP-BD-SCFW-0104-0003	活动名称	电力交易中心生效
使用组织单元	电力交易中心市场服务岗位	使用岗位编号	G2005
活动描述	如注册申请信息审核无误，生效该电网企业的注册申请		
输入业务信息编号	BI-BD-SCFW-0002		
输出业务信息编号	BI-BD-SCFW-0002		
业务步骤/业务规则	如电网企业注册申请信息无误，电力交易中心市场服务岗位生效电网企业的注册申请，并进行信息归档，同时通过短信方式通知相关注册联系人		
非功能要求	生效提交操作平均响应时间：业务正常时小于2s，业务高峰时小于3s		

5.3.3.5　独立储能注册受理流程活动清单

独立储能注册受理流程活动清单见表5-23。

表5-23　　　　　　　　　　独立储能注册受理流程活动清单

活动编号	业务活动名称
BP-BD-SCFW-0105-0001	独立储能注册信息提交
BP-BD-SCFW-0105-0002	电力交易中心审核
BP-BD-SCFW-0105-0003	电力交易中心公示
BP-BD-SCFW-0105-0004	电力交易中心生效

5.3.3.5.1 独立储能注册信息提交

独立储能注册信息提交见表 5-24。

表 5-24 **BP-BD-SCFW-0105-0001 独立储能注册信息提交**

活动编号	BP-BD-SCFW-0105-0001	活动名称	独立储能注册信息提交
使用组织单元	独立储能	使用岗位编号	G5004、G5005
活动描述	独立储能登录电力交易平台，填报注册信息并提交注册申请		
输入业务信息编号	BI-BD-SCFW-0006		
输出业务信息编号	BI-BD-SCFW-0006		
业务步骤/业务规则	（1）符合市场参与条件的独立储能可以自愿到其所在地电力交易中心进行市场注册，通过登录交易平台外网自主完成注册信息填报并提交，注册信息主要包括账号信息、企业信息、购（售）电层级、联系人信息、相关附件信息、储能项目信息等。 （2）独立储能提交注册申请后，可登录平台查看审核流程信息，并根据审核意见进行注册信息修改		
非功能要求	注册信息保存平均响应时间：业务正常时小于 2s，业务高峰时小于 3s; 注册提交操作平均响应时间：业务正常时小于 2s，业务高峰时小于 3s		

5.3.3.5.2 电力交易中心审核

电力交易中心审核见表 5-25。

表 5-25 **BP-BD-SCFW-0105-0002 电力交易中心审核**

活动编号	BP-BD-SCFW-0105-0002	活动名称	电力交易中心审核
使用组织单元	电力交易中心市场服务岗位、电网企业	使用岗位编号	G2005、G2011
活动描述	对独立储能的注册申请信息进行规范性审核		
输入业务信息编号	BI-BD-SCFW-0002		
输出业务信息编号	BI-BD-SCFW-0002		
业务步骤/业务规则	（1）电力交易中心在收到独立储能的注册申请后，可受理其申请，并审核其信息的完整性、规范性，如审核无问题，可通过其申请，同时以短信方式通知相关注册联系人。 （2）受理通过后，将独立储能项目户号与计量点编号等信息发送至电网企业营销部门校核，校核结果可作为流程通过或驳回操作的参考。 （3）如独立储能注册申请有误，电力交易中心市场服务岗位驳回独立储能的注册申请，同时通过短信方式通知相关注册联系人，并注明驳回原因		

非功能要求	信息查看操作平均响应时间：业务正常时小于 2s，业务高峰时小于 3s； 审核结果提交操作平均响应时间：业务正常时小于 2s，业务高峰时小于 3s

5.3.3.5.3 电力交易中心公示

电力交易中心公示见表 5-26。

表 5-26   **BP-BD-SCFW-0105-0003 电力交易中心公示**

活动编号	BP-BD-SCFW-0105-0003	活动名称	电力交易中心公示
使用组织单元	电力交易中心市场服务岗位	使用岗位编号	G2005
活动描述	对审核通过的独立储能进行公示		
输入业务信息编号	BI-BD-SCFW-0002		
输出业务信息编号	BI-BD-SCFW-0002		
业务步骤/业务规则	独立储能注册信息处于待公示状态时可进行公示操作，公示期默认 1 个月，公示期内存在异议且属实的进行公示不通过操作，并记录公示不通过原因，以便独立储能查看		
非功能要求	业务正常时小于 2s，业务高峰时小于 3s		

5.3.3.5.4 电力交易中心生效

电力交易中心生效见表 5-27。

表 5-27   **BP-BD-SCFW-0105-0004 电力交易中心生效**

活动编号	BP-BD-SCFW-0105-0004	活动名称	电力交易中心生效
使用组织单元	电力交易中心市场服务岗位	使用岗位编号	G2005
活动描述	如注册申请信息审核无误，生效该独立储能的注册申请		
输入业务信息编号	BI-BD-SCFW-0002		
输出业务信息编号	BI-BD-SCFW-0002		
业务步骤/业务规则	公示后，如独立储能注册申请信息无误，电力交易中心市场服务岗位生效独立储能的注册申请，并进行信息归档，同时通过短信方式通知相关注册联系人		
非功能要求	生效提交操作平均响应时间：业务正常时小于 2s，业务高峰时小于 3s		

5.3.3.6 发电企业基本信息变更受理流程活动清单

发电企业基本信息变更受理流程活动清单见表 5-28。

表 5-28　　　　　　　　发电企业基本信息变更受理流程活动清单

活动编号	业务活动名称
BP-BD-SCFW-0106-0001	发电企业变更信息提交
BP-BD-SCFW-0106-0002	电力交易中心审核
BP-BD-SCFW-0106-0003	电网企业审核
BP-BD-SCFW-0106-0004	电力交易中心生效

5.3.3.6.1 发电企业变更信息提交

发电企业变更信息提交见表 5-29。

表 5-29　　　　　BP-BD-SCFW-0106-0001 发电企业变更信息提交

活动编号	BP-BD-SCFW-0106-0001	活动名称	发电企业变更信息提交
使用组织单元	发电企业	使用岗位编号	G5004、G5005
活动描述	发电企业填写变更信息并提交变更申请		
输入业务信息编号	BI-BD-SCFW-0105		
输出业务信息编号	BI-BD-SCFW-0105		
业务步骤/业务规则	发电企业自主在交易平台提报基本信息变更，并上传证明材料		
非功能要求	用户登录平均响应时间：业务正常时小于 2s，业务高峰时小于 3s； 基本提交操作响应时间：业务正常时小于 2s，业务高峰时小于 3s		

5.3.3.6.2 电力交易中心审核

电力交易中心审核见表 5-30。

表 5-30　　　　　BP-BD-SCFW-0106-0002 电力交易中心审核

活动编号	BP-BD-SCFW-0106-0002	活动名称	电力交易中心审核
使用组织单元	电力交易中心市场服务岗位	使用岗位编号	G2005
活动描述	对直购发电企业变更申请进行审核		
输入业务信息编号	BI-BD-SCFW-0105		

输出业务信息编号	BI-BD-SCFW-0105
业务步骤/业务规则	电力交易中心市场服务岗位受理变更申请。受理后，直购发电企业信息变更直接提交至电力交易中心审核，对其变更的信息进行形式审查，对于非直购发电企业，市场服务岗位受理后送电网企业审核
非功能要求	业务正常时小于 2s，业务高峰时小于 3s

5.3.3.6.3　电网企业审核

电网企业审核见表 5-31。

表 5-31　　　　　　　　　**BP-BD-SCFW-0106-0003 电网企业审核**

活动编号	BP-BD-SCFW-0106-0003	活动名称	电网企业审核
使用组织单元	电网企业营销部门	使用岗位编号	G3001
活动描述	对非直购发电企业变更进行审核		
输入业务信息编号	BI-BD-SCFW-0105		
输出业务信息编号	BI-BD-SCFW-0105		
业务步骤/业务规则	非直购发电企业变更信息发送至所属电网企业营销部门进行形式审核		
非功能要求	业务正常时小于 2s，业务高峰时小于 3s		

5.3.3.6.4　电力交易中心生效

电力交易中心生效见表 5-32。

表 5-32　　　　　　　　　**BP-BD-SCFW-0106-0004 电力交易中心生效**

活动编号	BP-BD-SCFW-0106-0004	活动名称	电力交易中心生效
使用组织单元	电力交易中心市场服务岗位	使用岗位编号	G2005
活动描述	对审核通过的发电企业变更申请进行生效操作		
输入业务信息编号	BI-BD-SCFW-0105		
输出业务信息编号	BI-BD-SCFW-0105		
业务步骤/业务规则	变更信息审核通过后电力交易中心市场服务岗位进行生效操作，并进行信息归档		
非功能要求	业务正常时小于 2s，业务高峰时小于 3s		

5.3.3.7　新增机组注册受理流程活动清单

新增机组注册受理流程活动清单见表 5-33。

表 5-33   新增机组注册受理流程活动清单

活动编号	业务活动名称
BP-BD-SCFW-0107-0001	机组注册信息提交
BP-BD-SCFW-0107-0002	电力交易中心审核
BP-BD-SCFW-0107-0003	电网企业审核
BP-BD-SCFW-0107-0004	电力交易中心生效

5.3.3.7.1　机组注册信息提交

机组注册信息提交见表 5-34。

表 5-34   BP-BD-SCFW-0107-0001 机组注册信息提交

活动编号	BP-BD-SCFW-0107-0001	活动名称	机组注册信息提交
使用组织单元	发电企业	使用岗位编号	G5004、G5005
活动描述	发电企业填写机组注册信息并提交注册申请		
输入业务信息编号	BI-BD-SCFW-0108		
输出业务信息编号	BI-BD-SCFW-0108		
业务步骤/业务规则	（1）机组（机组群）取得批复建设文件、发电业务许可证后，需到电力交易中心登记完整机组信息，申请机组入市。 （2）尚未获得电力业务许可证的机组，进行业务许可证办期限理承诺后申请注册，可在基本信息注册审核通过后进入入市准备		
非功能要求	用户登录平均响应时间：业务正常时小于 2s，业务高峰时小于 3s； 基本提交操作响应时间：业务正常时小于 2s，业务高峰时小于 3s		

5.3.3.7.2　电力交易中心审核

电力交易中心审核见表 5-35。

表 5-35   BP-BD-SCFW-0107-0002 电力交易中心审核

活动编号	BP-BD-SCFW-0107-0002	活动名称	电力交易中心审核
使用组织单元	电力交易中心市场服务岗位、结算岗位	使用岗位编号	G2005、G2004
活动描述	对机组注册申请进行审核		

续表

输入业务信息编号	BI-BD-SCFW-0108
输出业务信息编号	BI-BD-SCFW-0108
业务步骤/业务规则	电力交易中心市场服务岗位受理注册申请，受理后，对于直购发电企业的完整机组信息（包括机组基本信息、参数信息、附件信息）进行审核，不同类别机组（机组群）的注册信息不同，审核通过后，提交结算岗位进行计量管理相关工作。对于非直购发电企业机组注册，市场服务岗位受理后发送电网企业审核
非功能要求	业务正常时小于 2s，业务高峰时小于 3s

5.3.3.7.3 电网企业审核

电网企业审核见表 5-36。

表 5-36   **BP-BD-SCFW-0107-0003 电网企业审核**

活动编号	BP-BD-SCFW-0107-0003	活动名称	电网企业审核
使用组织单元	电网企业营销部门	使用岗位编号	G3001
活动描述	对机组注册进行审核		
输入业务信息编号	BI-BD-SCFW-0105		
输出业务信息编号	BI-BD-SCFW-0105		
业务步骤/业务规则	非直购发电企业机组注册信息发送至所属电网企业营销部门进行形式审核		
非功能要求	业务正常时小于 2s，业务高峰时小于 3s		

5.3.3.7.4 电力交易中心生效

电力交易中心生效见表 5-37。

表 5-37   **BP-BD-SCFW-0107-0004 电力交易中心生效**

活动编号	BP-BD-SCFW-0107-0004	活动名称	电力交易中心生效
使用组织单元	电力交易中心市场服务岗位	使用岗位编号	G2005
活动描述	对机组注册申请生效		
输入业务信息编号	BI-BD-SCFW-0108		
输出业务信息编号	BI-BD-SCFW-0108		
业务步骤/业务规则	（1）已获得电力业务许可证的机组注册，通过审核后，机组（机组群）注册申请生效。 （2）进行业务许可证办期限理承诺后申请注册，注册生效后进入入市准备。 （3）进行信息归档		
非功能要求	业务正常时小于 2s，业务高峰时小于 3s		

5.3.3.8　机组变更受理流程活动清单

机组变更受理流程活动清单见表 5-38。

表 5-38　　　　　　　　　　　　机组变更受理流程活动清单

活动编号	业务活动名称
BP-BD-SCFW-0108-0001	机组变更信息提交
BP-BD-SCFW-0108-0002	电力交易中心审核
BP-BD-SCFW-0108-0003	电网企业审核
BP-BD-SCFW-0108-0004	电力交易中心生效

5.3.3.8.1　机组变更信息提交

机组变更信息提交见表 5-39。

表 5-39　　　　　　　BP-BD-SCFW-0108-0001 机组变更信息提交

活动编号	BP-BD-SCFW-0108-0001	活动名称	机组变更信息提交
使用组织单元	发电企业	使用岗位编号	G5004、G5005
活动描述	发电企业填写机组变更信息后提交申请		
输入业务信息编号	BI-BD-SCFW-0108		
输出业务信息编号	BI-BD-SCFW-0108		
业务步骤/业务规则	机组基本信息、机组参数变化、机组（机组群）注销、机组（机组群）关停等情况发生时，需进行机组变更申请		
非功能要求	用户登录平均响应时间：业务正常时小于 2s，业务高峰时小于 3s； 基本提交操作响应时间：业务正常时小于 2s，业务高峰时小于 3s		

5.3.3.8.2　电力交易中心审核

电力交易中心审核见表 5-40。

表 5-40　　　　　　　BP-BD-SCFW-0108-0002 电力交易中心审核

活动编号	BP-BD-SCFW-0108-0002	活动名称	电力交易中心审核
使用组织单元	电力交易中心市场服务岗位、交易岗位、结算岗位	使用岗位编号	G2005、G2003、G2004
活动描述	对直购发电企业所属机组变更申请进行审核		

续表

输入业务信息编号	BI-BD-SCFW-0108
输出业务信息编号	BI-BD-SCFW-0108
业务步骤/业务规则	（1）电力交易中心市场服务岗位受理变更申请，受理后，对发电企业机组（机组群）变更的信息进行初步核对后，同时发送审核流程至交易岗位、结算岗位对相关的合同、结算业务进行妥善处置，完成合同变更。 （2）市场服务岗位进行审核，对于非直购发电企业机组，电力交易中心市场服务岗位受理后发送电网企业审核。 （3）市场服务岗位审核通过后，如果机组是为关停状态，需发送结算岗位进行计量信息管理
非功能要求	业务正常时小于 2s，业务高峰时小于 3s

5.3.3.8.3 电网企业审核

电网企业审核见表 5-41。

表 5-41　　　　　　　BP-BD-SCFW-0108-0003 电网企业审核

活动编号	BP-BD-SCFW-0108-0003	活动名称	电网企业审核
使用组织单元	电网企业营销部门	使用岗位编号	G3001
活动描述	对非直购所属机组的变更进行审核		
输入业务信息编号	BI-BD-SCFW-0108		
输出业务信息编号	BI-BD-SCFW-0108		
业务步骤/业务规则	对发电企业机组（机组群）变更的信息进行初步核对后，同时发送审核流程至交易岗位、结算岗位对相关的合同、结算业务进行妥善处置，完成合同变更。电力交易中心市场服务岗位进行审核		
非功能要求	业务正常时小于 2s，业务高峰时小于 3s		

5.3.3.8.4 电力交易中心生效

电力交易中心生效见表 5-42。

表 5-42　　　　　　　BP-BD-SCFW-0108-0004 电力交易中心生效

活动编号	BP-BD-SCFW-0108-0004	活动名称	电力交易中心生效
使用组织单元	电力交易中心市场服务岗位	使用岗位编号	G2005
活动描述	对审核通过的机组变更申请进行生效操作		

输入业务信息编号	BI-BD-SCFW-0108
输出业务信息编号	BI-BD-SCFW-0108
业务步骤/业务规则	电力交易中心市场服务岗位可对通过审核的机组变更申请进行生效操作,并进行信息归档
非功能要求	业务正常时小于 2s,业务高峰时小于 3s

5.3.3.9 机组转让受理流程活动清单

机组转让受理流程活动清单见表 5-43。

表 5-43 **机组转让受理流程活动清单**

活动编号	业务活动名称
BP-BD-SCFW-0109-0001	机组转让信息提交
BP-BD-SCFW-0109-0002	电力交易中心审核
BP-BD-SCFW-0109-0003	电网企业审核
BP-BD-SCFW-0109-0004	电力交易中心生效

5.3.3.9.1 机组转让信息提交

机组转让信息提交见表 5-44。

表 5-44 **BP-BD-SCFW-0109-0001 机组转让信息提交**

活动编号	BP-BD-SCFW-0109-0001	活动名称	机组转让信息提交
使用组织单元	发电企业	使用岗位编号	G5004、G5005
活动描述	发电企业发起机组转让申请		
输入业务信息编号	BI-BD-SCFW-0108		
输出业务信息编号	BI-BD-SCFW-0108		
业务步骤/业务规则	发电企业填写机组转让信息,发起机组转让申请,受让方确认后,提交电力交易中心审核		
非功能要求	用户登录平均响应时间:业务正常时小于 2s,业务高峰时小于 3s; 基本提交操作响应时间:业务正常时小于 2s,业务高峰时小于 3s		

5.3.3.9.2 电力交易中心审核

电力交易中心审核见表 5-45。

表 5-45　　　　　　　　BP-BD-SCFW-0109-0002 电力交易中心审核

活动编号	BP-BD-SCFW-0109-0002	活动名称	电力交易中心审核
使用组织单元	电力交易中心市场服务岗位、交易岗位、结算岗位	使用岗位编号	G2005、G2003、G2004
活动描述	对直购发电企业所属机组转让申请进行审核		
输入业务信息编号	BI-BD-SCFW-0108		
输出业务信息编号	BI-BD-SCFW-0108		
业务步骤/业务规则	电力交易中心市场服务岗位受理转让申请。受理后，对直购发电企业机组转让的信息进行初步核对后，发送业务关联至交易岗位、结算岗位，交易岗位完成相关任务的审核和处理，对于非直购发电企业机组，市场服务岗位受理后发送电网企业审核		
非功能要求	业务正常时小于 2s，业务高峰时小于 3s		

5.3.3.9.3　电网企业审核

电网企业审核见表 5-46。

表 5-46　　　　　　　　BP-BD-SCFW-0109-0003 电网企业审核

活动编号	BP-BD-SCFW-0109-0003	活动名称	电网企业审核
使用组织单元	电网企业营销部门	使用岗位编号	G3001
活动描述	对非直购所属机组的转让进行审核		
输入业务信息编号	BI-BD-SCFW-0108		
输出业务信息编号	BI-BD-SCFW-0108		
业务步骤/业务规则	电网企业营销部门对非直购发电企业机组转让的信息进行初步核对后，发送业务关联至电力交易中心交易岗位、结算岗位，交易岗位完成相关任务的审核和处理		
非功能要求	业务正常时小于 2s，业务高峰时小于 3s		

5.3.3.9.4　电力交易中心生效

电力交易中心生效见表 5-47。

表 5-47　　　　　　　　BP-BD-SCFW-0109-0004 电力交易中心生效

活动编号	BP-BD-SCFW-0109-0004	活动名称	电力交易中心生效
使用组织单元	电力交易中心市场服务岗位	使用岗位编号	G2005

活动描述	对审核通过的机组转让申请进行生效操作
输入业务信息编号	BI-BD-SCFW-0108
输出业务信息编号	BI-BD-SCFW-0108
业务步骤/业务规则	发电企业机组转让相关工作全部完成后,电力交易中心市场服务岗位对发电企业机组转让信息进行生效操作,并进行信息归档,记录发电企业信息的变更时间节点
非功能要求	业务正常时小于 2s,业务高峰时小于 3s

5.3.3.10 机组注销受理流程活动清单

机组注销受理流程活动清单见表 5-48。

表 5-48   **机组注销受理流程活动清单**

活动编号	业务活动名称
BP-BD-SCFW-0110-0001	机组注销信息提交
BP-BD-SCFW-0110-0002	电力交易中心审核
BP-BD-SCFW-0110-0003	电网企业审核
BP-BD-SCFW-0110-0004	电力交易中心生效

5.3.3.10.1 机组注销信息提交

机组注销信息提交见表 5-49。

表 5-49   **BP-BD-SCFW-0110-0001 机组注销信息提交**

活动编号	BP-BD-SCFW-0110-0001	活动名称	机组注销信息提交
使用组织单元	发电企业	使用岗位编号	G5004、G5005
活动描述	发电企业发起机组注销申请		
输入业务信息编号	BI-BD-SCFW-0108		
输出业务信息编号	BI-BD-SCFW-0108		
业务步骤/业务规则	发电企业填写机组注销信息,发起机组注销申请		
非功能要求	用户登录平均响应时间:业务正常时小于 2s,业务高峰时小于 3s; 基本提交操作响应时间:业务正常时小于 2s,业务高峰时小于 3s		

5.3.3.10.2　电力交易中心审核

电力交易中心审核见表 5-50。

表 5-50 　　　　　　　　　**BP-BD-SCFW-0110-0002 电力交易中心审核**

活动编号	BP-BD-SCFW-0110-0002	活动名称	电力交易中心审核
使用组织单元	电力交易中心市场服务岗位、交易岗位、结算岗位	使用岗位编号	G2005、G2003、G2004
活动描述	对直购发电企业所属机组注销申请进行审核		
输入业务信息编号	BI-BD-SCFW-0108		
输出业务信息编号	BI-BD-SCFW-0108		
业务步骤/业务规则	电力交易中心市场服务岗位受理机组注销申请。市场服务岗位对直购发电企业机组注销的信息进行初步核对后，发送业务关联至交易岗位、结算岗位，交易岗位完成相关任务的审核和处理，对于非直购发电企业机组，电力交易中心市场服务岗位受理后发送电网企业审核		
非功能要求	业务正常时小于 2s，业务高峰时小于 3s		

5.3.3.10.3　电网企业审核

电网企业审核见表 5-51。

表 5-51 　　　　　　　　　**BP-BD-SCFW-0110-0003 电网企业审核**

活动编号	BP-BD-SCFW-0110-0003	活动名称	电网企业审核
使用组织单元	电网企业营销部门	使用岗位编号	G3001
活动描述	对非直购所属机组的注销进行审核		
输入业务信息编号	BI-BD-SCFW-0108		
输出业务信息编号	BI-BD-SCFW-0108		
业务步骤/业务规则	电网企业营销部门对非直购发电企业机组注销的信息进行初步核对后，发送业务关联至电力交易中心交易岗位，交易岗位完成相关任务的审核和处理后发送至结算岗位		
非功能要求	业务正常时小于 2s，业务高峰时小于 3s		

5.3.3.10.4　电力交易中心生效

电力交易中心生效见表 5-52。

表 5-52   **BP-BD-SCFW-0110-0004 电力交易中心生效**

活动编号	BP-BD-SCFW-0110-0004	活动名称	电力交易中心生效
使用组织单元	电力交易中心市场服务岗位	使用岗位编号	G2005
活动描述	对审核通过的机组注销申请进行生效操作		
输入业务信息编号	BI-BD-SCFW-0108		
输出业务信息编号	BI-BD-SCFW-0108		
业务步骤/业务规则	发电企业机组注销相关工作全部完成后，电力交易中心市场服务岗位对发电企业机组注销信息进行生效操作，生效后市场服务岗位进行信息归档		
非功能要求	业务正常时小于 2s，业务高峰时小于 3s		

5.3.3.11 发电企业类型转换受理流程活动清单

发电企业类型转换受理流程活动清单见表 5-53。

表 5-53   **发电企业类型转换受理流程活动清单**

活动编号	业务活动名称
BP-BD-SCFW-0111-0001	发电企业类型转换信息提交
BP-BD-SCFW-0111-0002	电力交易中心审核
BP-BD-SCFW-0111-0003	电网企业审核
BP-BD-SCFW-0111-0004	电力交易中心生效

5.3.3.11.1 发电企业类型转换信息提交

发电企业类型转换信息提交见表 5-54。

表 5-54   **BP-BD-SCFW-0111-0001 发电企业类型转换信息提交**

活动编号	BP-BD-SCFW-0111-0001	活动名称	发电企业类型转换信息提交
使用组织单元	发电企业	使用岗位编号	G5004、G5005
活动描述	发电企业提交类型转换申请		
输入业务信息编号	BI-BD-SCFW-0105		
输出业务信息编号	BI-BD-SCFW-0105		

续表

业务步骤/业务规则	发电企业登录系统并申请参与市场的主体类型转换，非直购电厂可申请转换直购电厂，直购电厂可申请转换非直购电厂，发电企业填写申请信息并上传相关证明材料后提交电力交易中心市场服务岗位审批
非功能要求	用户登录平均响应时间：业务正常时小于 2s，业务高峰时小于 3s； 基本提交操作响应时间：业务正常时小于 2s，业务高峰时小于 3s

5.3.3.11.2　电力交易中心审核

电力交易中心审核见表 5-55。

表 5-55　　　　　　　　　　BP-BD-SCFW-0111-0002 电力交易中心审核

活动编号	BP-BD-SCFW-0111-0002	活动名称	电力交易中心审核
使用组织单元	电力交易中心市场服务岗位	使用岗位编号	G2005
活动描述	对发电企业类型转换申请进行审核		
输入业务信息编号	BI-BD-SCFW-0105		
输出业务信息编号	BI-BD-SCFW-0105		
业务步骤/业务规则	（1）电力交易中心市场服务岗位对发电企业类型转换申请进行初审，市场服务岗位进行受理其申请操作，同时短信通知申请人，初审不通过驳回申请。 （2）初审通过后，市场服务岗位将类型转换申请发送电网企业审核确认。 （3）电网企业审核通过后，由市场服务岗位对发电企业类型转换申请进行审核		
非功能要求	业务正常时小于 2s，业务高峰时小于 3s		

5.3.3.11.3　地市电网企业审核

地市电网企业审核见表 5-56。

表 5-56　　　　　　　　　　BP-BD-SCFW-0111-0003 电网企业审核

活动编号	BP-BD-SCFW-0111-0003	活动名称	地市电网企业审核
使用组织单元	地市电网企业，电力交易中心市场服务岗位、交易岗位、结算岗位	使用岗位编号	G3001、G2005、G2003、G2004
活动描述	对发电企业类型转换申请进行审核		
输入业务信息编号	BI-BD-SCFW-0105		
输出业务信息编号	BI-BD-SCFW-0105		

业务步骤/业务规则	地市电网企业对发电企业类型转换申请信息进行初步核对后，审核通过后将审核结果发送至电力交易中心市场服务岗位审核，审核通过后，如果直购与非直购发生身份转换，发送交易岗位进行合同处理相关工作，发送结算岗位进行结算清算工作。审核不通过时将不通过结果和原因发送发电企业
非功能要求	业务正常时小于 2s，业务高峰时小于 3s

5.3.3.11.4 电力交易中心生效

电力交易中心生效见表 5-57。

表 5-57　　　　　　　　　BP-BD-SCFW-0111-0004 电力交易中心生效

活动编号	BP-BD-SCFW-0111-0004	活动名称	电力交易中心生效
使用组织单元	电力交易中心市场服务岗位	使用岗位编号	G2005
活动描述	对发电企业类型转换申请进行生效操作		
输入业务信息编号	BI-BD-SCFW-0105		
输出业务信息编号	BI-BD-SCFW-0105		
业务步骤/业务规则	前置业务处理完成后，电力交易中心市场服务岗位生效操作，并进行信息归档。类型转换生效时需记录市场成员信息变更记录，变更时间节点信息		
非功能要求	业务正常时小于 2s，业务高峰时小于 3s		

5.3.3.12 电力用户基本变更受理流程活动清单

电力用户基本变更受理流程活动清单见表 5-58。

表 5-58　　　　　　　　电力用户基本变更受理流程活动清单

活动编号	业务活动名称
BP-BD-SCFW-0112-0001	电力用户变更信息提交
BP-BD-SCFW-0112-0002	电力交易中心审核
BP-BD-SCFW-0112-0003	电力交易中心生效

5.3.3.12.1 电力用户变更信息提交

电力用户变更信息提交见表 5-59。

表 5-59　　　　　　　　BP-BD-SCFW-0112-0001 电力用户变更信息提交

活动编号	BP-BD-SCFW-0112-0001	活动名称	电力用户变更信息提交
使用组织单元	电力用户	使用岗位编号	G5004、G5005

续表

活动描述	电力用户填写变更信息并提交变更申请
输入业务信息编号	BI-BD-SCFW-0106
输出业务信息编号	BI-BD-SCFW-0106
业务步骤/业务规则	已在电力交易平台注册的电力用户基本信息发生变化时，在注册地电力交易平台自主申请信息变更，填写变更信息并上传佐证材料后提交申请
非功能要求	用户登录平均响应时间：业务正常时小于2s，业务高峰时小于3s； 基本提交操作响应时间：业务正常时小于2s，业务高峰时小于3s

5.3.3.12.2 电力交易中心审核

电力交易中心审核见表5-60。

表 5-60　　　　　　　　BP-BD-SCFW-0112-0002 电力交易中心审核

活动编号	BP-BD-SCFW-0112-0002	活动名称	电力交易中心审核
使用组织单元	电力交易中心市场服务岗位	使用岗位编号	G2005
活动描述	对电力用户变更申请进行审核		
输入业务信息编号	BI-BD-SCFW-0106		
输出业务信息编号	BI-BD-SCFW-0106		
业务步骤/业务规则	电力交易中心市场服务岗位查看变更前后信息，对变更申请进行受理、审核		
非功能要求	业务正常时小于2s，业务高峰时小于3s		

5.3.3.12.3 电力交易中心生效

电力交易中心生效见表5-61。

表 5-61　　　　　　　　BP-BD-SCFW-0112-0003 电力交易中心生效

活动编号	BP-BD-SCFW-0112-0003	活动名称	电力交易中心生效
使用组织单元	电力交易中心市场服务岗位	使用岗位编号	G2005
活动描述	对电力用户变更申请进行生效操作		
输入业务信息编号	BI-BD-SCFW-0106		
输出业务信息编号	BI-BD-SCFW-0106		

业务步骤/业务规则	电力交易中心市场服务岗位审核通过后，进行生效操作，电力用户信息变更生效后，自动短信通知电力用户，市场服务岗位进行信息归档
非功能要求	业务正常时小于 2s，业务高峰时小于 3s

5.3.3.13 用户计量点信息变更受理流程活动清单

用户计量点信息变更受理流程活动清单见表 5-62。

表 5-62 用户计量点信息变更受理流程活动清单

活动编号	业务活动名称
BP-BD-SCFW-0113-0001	电力交易中心获取变更信息
BP-BD-SCFW-0113-0002	电力交易中心变更信息
BP-BD-SCFW-0113-0003	电力交易中心生效

5.3.3.13.1 电力交易中心获取变更信息

电力交易中心获取变更信息见表 5-63。

表 5-63 BP-BD-SCFW-0113-0001 电力交易中心获取变更信息

活动编号	BP-BD-SCFW-0113-0001	活动名称	电力交易中心获取变更信息
使用组织单元	电力交易中心市场服务岗位	使用岗位编号	G2005
活动描述	用户计量点相关信息在电网企业营销部门变更完成后，电网企业营销部门系统自动向电力交易中心推送变更信息		
输入业务信息编号	BI-BD-SCFW-0101		
输出业务信息编号	BI-BD-SCFW-0101		
业务步骤/业务规则	用户计量点相关信息在电网企业营销部门变更完成后，电网企业营销系统自动向电力交易中心发送变更信息申请。电力用户计量点信息变更主要包括计量点新增、注销，用户名称、用户编号、行业分类、电压等级、输配电价、供电台区等计量点属性信息变更		
非功能要求	业务正常时小于 2s，业务高峰时小于 3s		

5.3.3.13.2 电力交易中心更新信息

电力交易中心更新信息见表 5-64。

表 5-64　　　　　　　**BP-BD-SCFW-0113-0002 电力交易中心更新信息**

活动编号	BP-BD-SCFW-0113-0002	活动名称	电力交易中心变更信息
使用组织单元	电力交易中心市场服务岗位	使用岗位编号	G2005
活动描述	接收变更后的用户计量点信息		
输入业务信息编号	BI-BD-SCFW-0101		
输出业务信息编号	BI-BD-SCFW-0101		
业务步骤/业务规则	电力交易中心市场服务岗位接收变更信息，在电力交易平台上进行变更信息生效操作，向电力用户发送计量点信息变更通知		
非功能要求	业务正常时小于2s，业务高峰时小于3s		

5.3.3.13.3　电力交易中心生效

电力交易中心生效见表 5-65。

表 5-65　　　　　　　**BP-BD-SCFW-0113-0003 电力交易中心生效**

活动编号	BP-BD-SCFW-0113-0003	活动名称	电力交易中心生效
使用组织单元	电力交易中心市场服务岗位	使用岗位编号	G2005
活动描述	对用户计量点信息变更信息进行生效操作、信息归档		
输入业务信息编号	BI-BD-SCFW-0101		
输出业务信息编号	BI-BD-SCFW-0101		
业务步骤/业务规则	对审核通过的用户计量点信息变更申请进行生效操作		
非功能要求	业务正常时小于2s，业务高峰时小于3s		

5.3.3.14　电力用户类型转换受理流程活动清单

电力用户类型转换受理流程活动清单见表 5-66。

表 5-66　　　　　　　**电力用户类型转换受理流程活动清单**

活动编号	业务活动名称
BP-BD-SCFW-0114-0001	电力用户类型转换申请
BP-BD-SCFW-0114-0002	电力交易中心审核
BP-BD-SCFW-0114-0003	电力交易中心生效

5.3.3.14.1 电力用户类型转换申请

电力用户类型转换申请见表 5-67。

表 5-67　　　　　　　　**BP-BD-SCFW-0114-0001 电力用户类型转换申请**

活动编号	BP-BD-SCFW-0114-0001	活动名称	电力用户类型转换申请
使用组织单元	电力用户	使用岗位编号	G5004、G5005
活动描述	电力用户发起类型转换申请		
输入业务信息编号	BI-BD-SCFW-0106		
输出业务信息编号	BI-BD-SCFW-0106		
业务步骤/业务规则	零售用户补充完善其企业信息，电力用户包括企业基本信息、商务信息、联系信息三大类		
非功能要求	用户登录平均响应时间：业务正常时小于 2s，业务高峰时小于 3s； 基本提交操作响应时间：业务正常时小于 2s，业务高峰时小于 3s		

5.3.3.14.2 电力交易中心审核

电力交易中心审核见表 5-68。

表 5-68　　　　　　　　**BP-BD-SCFW-0114-0002 电力交易中心审核**

活动编号	BP-BD-SCFW-0114-0002	活动名称	电力交易中心审核
使用组织单元	电力交易中心市场服务岗位	使用岗位编号	G2005
活动描述	对类型转换申请进行审核		
输入业务信息编号	BI-BD-SCFW-0106		
输出业务信息编号	BI-BD-SCFW-0106		
业务步骤/业务规则	（1）零售用户转换为直接交易用户应满足直接交易注册条件，电力交易中心市场服务岗位受理、审核电力用户类型转换申请。 （2）零售电力用户类型转换时，电力交易中心可从电网企业、配售电公司系统获取用户计量点信息。 （3）根据用户需要，选择是否发送办理进度提醒短信，并确认短信的联系人及接收号码		
非功能要求	无		

5.3.3.14.3 电力交易中心生效

电力交易中心生效见表 5-69。

表 5-69　　　　　　　　BP-BD-SCFW-0114-0003 电力交易中心生效

活动编号	BP-BD-SCFW-0114-0003	活动名称	电力交易中心生效
使用组织单元	电力交易中心市场服务岗位	使用岗位编号	G2005
活动描述	对审核通过的用户类型转换申请进行生效操作		
输入业务信息编号	BI-BD-SCFW-0106		
输出业务信息编号	BI-BD-SCFW-0106		
业务步骤/业务规则	（1）审核通过后，电力交易中心市场服务岗位生效电力用户类型转换申请。 （2）零售用户当前与售电公司有绑定关系，系统自动校验其变更申请与当前绑定关系冲突，向电力用户反馈信息，提示其先期办理与售电公司的解绑业务。 （3）解绑业务办理完成后，类型转换生效。 （4）生效后，完成全部信息的归档工作		
非功能要求	业务正常时小于 2s，业务高峰时小于 3s		

5.3.3.15　售电公司变更受理流程活动清单

售电公司变更受理流程活动清单见表 5-70。

表 5-70　　　　　　　　　售电公司变更受理流程活动清单

活动编号	业务活动名称
BP-BD-SCFW-0115-0001	售电公司变更信息提交
BP-BD-SCFW-0115-0002	电力交易中心审核
BP-BD-SCFW-0115-0003	电力交易中心公示
BP-BD-SCFW-0115-0004	电力交易中心生效

5.3.3.15.1　售电公司变更信息提交

售电公司变更信息提交见表 5-71。

表 5-71　　　　　　　BP-BD-SCFW-0115-0001 售电公司变更信息提交

活动编号	BP-BD-SCFW-0115-0001	活动名称	售电公司变更信息提交
使用组织单元	售电公司	使用岗位编号	G5004、G5005
活动描述	售电公司填写变更信息并提交变更申请		
输入业务信息编号	BI-BD-SCFW-0107		
输出业务信息编号	BI-BD-SCFW-0107		

业务步骤/业务规则	（1）售电公司信息变更须登录注册地电力交易中心交易平台提交变更申请。 （2）已在电力交易平台注册的售电公司信息发生变化时，在注册地电力交易平台自主申请信息变更，上传佐证材料。 （3）售电公司注册信息变更包括一般信息变更与重大信息变更。重大信息变更包含以下内容：①股权结构；②法定代表人；③营业执照经营范围；④资产总额；⑤从业人员（高级、中级职称人员变更或变更人数比例大于等于50%）；⑥注册关键佐证证件信息变更（如许可证、职称证件有效时间到期，更换证件等）；⑦企业类型（如独立售电公司更改为拥有配网运营权配售电公司）；⑧各省市政府主管部门认定属于重大信息变更范围的事项。上述重大信息变更之外的信息变更属于一般信息变更。 （4）系统自动识别售电公司变更信息中是否存在重大信息变更的情况，如果存在则标记出变更的重大信息项
非功能要求	用户登录平均响应时间：业务正常时小于2s，业务高峰时小于3s； 基本提交操作响应时间：业务正常时小于2s，业务高峰时小于3s

5.3.3.15.2 电力交易中心审核

电力交易中心审核见表5-72。

表5-72　　　　　　BP-BD-SCFW-0115-0002 电力交易中心审核

活动编号	BP-BD-SCFW-0115-0002	活动名称	电力交易中心审核
使用组织单元	电力交易中心市场服务岗位	使用岗位编号	G2005
活动描述	对变更后的售电公司信息进行审核		
输入业务信息编号	BI-BD-SCFW-0107		
输出业务信息编号	BI-BD-SCFW-0107		
业务步骤/业务规则	（1）注册地电力交易中心市场服务岗位受理售电公司变更申请并对变更信息进行审核，审核通过后将变更信息发送至业务范围省进行审核，所有业务范围省均通过审核后，由注册地电力交易中心市场服务岗位进行变更生效。 （2）变更信息审核不通过时驳回其变更申请并填写驳回原因，同时短信通知售电公司变更联系人，售电公司收到驳回意见后，登录电力交易平台修改变更信息，根据驳回原因修改变更信息后再次提交。 （3）根据市场主体需要，选择是否给市场主体发送办理进度的提醒短信，并确认短信的联系人及接收号码		
非功能要求	业务正常时小于2s，业务高峰时小于3s		

5.3.3.15.3　电力交易中心公示

电力交易中心公示见表 5-73。

表 5-73　　　　　　　　**BP-BD-SCFW-0116-0003 电力交易中心公示**

活动编号	BP-BD-SCFW-0116-0003	活动名称	电力交易中心公示
使用组织单元	电力交易中心市场服务岗位	使用岗位编号	G2005
活动描述	如果售电公司变更重大信息，审核通过后进行公示，否则可进入下一步生效		
输入业务信息编号	BI-BD-SCFW-0107		
输出业务信息编号	BI-BD-SCFW-0107		
业务步骤/业务规则	（1）重大信息变更按照规定在交易平台进行公示。 （2）对于存在重大信息变更的申请需在变更信息审核通过后进行公示，公示期默认 5 个工作日，重大信息变更公示期间售电公司不可参加市场交易，自动将售电公司设置为暂停交易资格状态，变更前已签订的交易合同按照交易合同约定履行。 （3）公示期满无异议后变更生效，将售电公司变更信息录入正式库并记录变更记录，详细记录售电公司信息的变更时间节点，自动将售电公司状态设置为恢复交易资格，恢复正常市场交易。 （4）变更信息审核不通过时驳回其变更申请并填写驳回原因，同时短信通知售电公司变更联系人，售电公司收到驳回意见后，登录电力交易平台修改变更信息，根据驳回原因修改变更信息后再次提交		
非功能要求	业务正常时小于 2s，业务高峰时小于 3s		

5.3.3.15.4　电力交易中心生效

电力交易中心生效见表 5-74。

表 5-74　　　　　　　　**BP-BD-SCFW-0115-0004 电力交易中心生效**

活动编号	BP-BD-SCFW-0115-0004	活动名称	电力交易中心生效
使用组织单元	电力交易中心市场服务岗位	使用岗位编号	G2005
活动描述	对审核通过的售电公司信息变更申请进行生效操作		
输入业务信息编号	BI-BD-SCFW-0107		
输出业务信息编号	BI-BD-SCFW-0107		
业务步骤/业务规则	（1）独立售电公司变更为配售电公司时，电力交易中心市场服务岗位将售电公司信息发送至结算岗位进行计量信息维护。 （2）生效后，完成全部信息的归档工作		
非功能要求	业务正常时小于 2s，业务高峰时小于 3s		

5.3.3.16 电网企业变更受理流程活动清单

电网企业变更受理流程活动清单见表 5-75。

表 5-75 电网企业变更受理流程活动清单

活动编号	业务活动名称
BP-BD-SCFW-0116-0001	电网企业变更信息提交
BP-BD-SCFW-0116-0002	电力交易中心审核
BP-BD-SCFW-0116-0003	电力交易中心生效

5.3.3.16.1 电网企业变更信息提交

电网企业变更信息提交见表 5-76。

表 5-76 BP-BD-SCFW-0116-0001 电网企业变更信息提交

活动编号	BP-BD-SCFW-0116-0001	活动名称	电网企业变更信息提交
使用组织单元	电网企业	使用岗位编号	G5004、G5005
活动描述	电网企业登录电力交易平台，修改注册信息并提交变更申请		
输入业务信息编号	BI-BD-SCFW-0006		
输出业务信息编号	BI-BD-SCFW-0006		
业务步骤/业务规则	（1）电网企业的注册信息发生变更，需到其注册地交易平台进行信息变更并提交变更申请，变更信息包括企业信息、许可证信息、附件信息等。 （2）电网企业提交变更申请后，可登录平台查看审核流程信息，并根据审核意见进行信息修改		
非功能要求	用户登录平均响应时间：业务正常时小于 2s，业务高峰时小于 3s； 基本提交操作响应时间：业务正常时小于 2s，业务高峰时小于 3s		

5.3.3.16.2 电力交易中心审核

电力交易中心审核见表 5-77。

表 5-77 BP-BD-SCFW-0116-0002 电力交易中心审核

活动编号	BP-BD-SCFW-0116-0002	活动名称	电力交易中心审核
使用组织单元	电力交易中心市场服务岗位	使用岗位编号	G2005

续表

活动描述	对电网企业的信息变更申请进行规范性审核
输入业务信息编号	BI-BD-SCFW-0002
输出业务信息编号	BI-BD-SCFW-0002
业务步骤/业务规则	（1）电力交易中心市场服务岗位在收到电网企业的变更申请后，可受理其申请，并审核其信息的完整性、规范性，如审核无问题，可通过其申请，同时以短信方式通知相关联系人。 （2）如电网企业变更信息有误，电力交易中心市场服务岗位驳回电网企业的信息变更申请，同时通过短信方式通知相关联系人，并注明驳回原因
非功能要求	信息查看操作平均响应时间：业务正常时小于2s，业务高峰时小于3s； 审核结果提交操作平均响应时间：业务正常时小于2s，业务高峰时小于3s

5.3.3.16.3　电力交易中心生效

电力交易中心生效见表5-78。

表5-78　　　　　　　　　**BP-BD-SCFW-0116-0004 电力交易中心生效**

活动编号	BP-BD-SCFW-0116-0004	活动名称	电力交易中心生效
使用组织单元	电力交易中心市场服务岗位	使用岗位编号	G2005
活动描述	如变更申请信息审核无误，生效该电网企业的信息变更申请		
输入业务信息编号	BI-BD-SCFW-0002		
输出业务信息编号	BI-BD-SCFW-0002		
业务步骤/业务规则	如电网企业变更申请信息无误，电力交易中心市场服务岗位生效电网企业的变更申请，生效后市场服务岗位进行信息归档，同时通过短信方式通知相关注册联系人		
非功能要求	生效提交操作平均响应时间：业务正常时小于2s，业务高峰时小于3s		

5.3.3.17　独立储能变更受理流程活动清单

独立储能变更受理流程活动清单见表5-79。

表5-79　　　　　　　　**独立储能变更受理流程活动清单**

活动编号	业务活动名称
BP-BD-SCFW-0117-0001	独立储能变更信息提交
BP-BD-SCFW-0117-0002	电力交易中心审核

续表

活动编号	业务活动名称
BP-BD-SCFW-0117-0003	电力交易中心公示
BP-BD-SCFW-0117-0004	电力交易中心生效

5.3.3.17.1 独立储能变更信息提交

独立储能变更信息提交见表 5-80。

表 5-80 　　　　　　　　**BP-BD-SCFW-0117-0001 独立储能变更信息提交**

活动编号	BP-BD-SCFW-0117-0001	活动名称	独立储能变更信息提交
使用组织单元	独立储能	使用岗位编号	G5004、G5005
活动描述	独立储能登录电力交易平台，修改注册信息并提交变更申请		
输入业务信息编号	BI-BD-SCFW-0006		
输出业务信息编号	BI-BD-SCFW-0006		
业务步骤/业务规则	（1）独立储能的注册信息发生变更，需到其注册地交易平台进行信息变更并提交变更申请，变更信息包括企业信息、购（售电）层级、附件信息等。 （2）独立储能提交变更申请后，可登录平台查看审核流程信息，并根据审核意见进行信息修改		
非功能要求	用户登录平均响应时间：业务正常时小于 2s，业务高峰时小于 3s； 基本提交操作响应时间：业务正常时小于 2s，业务高峰时小于 3s		

5.3.3.17.2 电力交易中心审核

电力交易中心审核见表 5-81。

表 5-81 　　　　　　　　**BP-BD-SCFW-0117-0002 电力交易中心审核**

活动编号	BP-BD-SCFW-0117-0002	活动名称	电力交易中心审核
使用组织单元	电力交易中心市场服务岗位	使用岗位编号	G2005
活动描述	对独立储能的信息变更申请进行规范性审核		
输入业务信息编号	BI-BD-SCFW-0002		
输出业务信息编号	BI-BD-SCFW-0002		

业务步骤/业务规则	（1）电力交易中心市场服务岗位在收到独立储能的变更申请后，可受理其申请，并审核其信息的完整性、规范性，如审核无问题，可通过其申请，同时以短信方式通知相关联系人。 （2）如独立储能变更信息有误，电力交易中心市场服务岗位驳回独立储能的信息变更申请，同时通过短信方式通知相关联系人，并注明驳回原因
非功能要求	信息查看操作平均响应时间：业务正常时小于2s，业务高峰时小于3s； 审核结果提交操作平均响应时间：业务正常时小于2s，业务高峰时小于3s

5.3.3.17.3 电力交易中心公示

电力交易中心公示见表5-82。

表5-82　　　　　　　　BP-BD-SCFW-0117-0003 电力交易中心公示

活动编号	BP-BD-SCFW-0117-0003	活动名称	电力交易中心公示
使用组织单元	电力交易中心市场服务岗位	使用岗位编号	G2005
活动描述	对审核通过的独立储能变更流程进行公示		
输入业务信息编号	BI-BD-SCFW-0002		
输出业务信息编号	BI-BD-SCFW-0002		
业务步骤/业务规则	独立储能变更信息处于待公示状态时可进行公示操作，公示期默认7天，公示期内存在异议且属实的进行公示不通过操作，并记录公示不通过原因，以便独立储能查看		
非功能要求	业务正常时小于2s，业务高峰时小于3s		

5.3.3.17.4 电力交易中心生效

电力交易中心生效见表5-83。

表5-83　　　　　　　　BP-BD-SCFW-0117-0004 电力交易中心生效

活动编号	BP-BD-SCFW-0117-0004	活动名称	电力交易中心生效
使用组织单元	电力交易中心市场服务岗位	使用岗位编号	G2005
活动描述	如变更申请信息审核无误，生效该独立储能的信息变更申请		
输入业务信息编号	BI-BD-SCFW-0002		
输出业务信息编号	BI-BD-SCFW-0002		

续表

业务步骤/业务规则	如独立储能变更申请信息无误，电力交易中心市场服务岗位生效独立储能的变更申请，生效后市场服务岗位进行信息归档，同时通过短信方式通知相关注册联系人
非功能要求	生效提交操作平均响应时间：业务正常时小于2s，业务高峰时小于3s

5.3.3.18 发电企业注销受理流程活动清单

发电企业注销受理流程活动清单见表5-84。

表 5-84　　　　　　　　　　发电企业注销受理流程活动清单

活动编号	业务活动名称
BP-BD-SCFW-0114-0001	发电企业注销申请提交
BP-BD-SCFW-0114-0002	电力交易中心审核
BP-BD-SCFW-0114-0003	电网企业审核
BP-BD-SCFW-0114-0004	电力交易中心生效

5.3.3.18.1 发电企业注销申请提交

发电企业注销申请提交见表5-85。

表 5-85　　　　　　　**BP-BD-SCFW-0118-0001 发电企业注销申请提交**

活动编号	BP-BD-SCFW-0118-0001	活动名称	发电企业注销申请提交
使用组织单元	发电企业	使用岗位编号	G5004、G5005
活动描述	发电企业向电力交易中心提出注销申请		
输入业务信息编号	BI-BD-SCFW-0105		
输出业务信息编号	BI-BD-SCFW-0105		
业务步骤/业务规则	（1）申请内容包括：①市场退出原因；②依据规则，如有需要，提供政府有关部门意见；③对未履行的市场交易合同妥当处置情况，并提供有关证明材料。 （2）非直购所属机组注销由电网企业审核，直购发电企业所属机组注销由电力交易中心市场服务岗位审核		
非功能要求	用户登录平均响应时间：业务正常时小于2s，业务高峰时小于3s； 基本提交操作响应时间：业务正常时小于2s，业务高峰时小于3s		

5.3.3.18.2　电力交易中心审核

电力交易中心审核见表 5-86。

表 5-86　　　　　　　　　　**BP-BD-SCFW-0118-0002 电力交易中心审核**

活动编号	BP-BD-SCFW-0118-0002	活动名称	电力交易中心审核
使用组织单元	电力交易中心市场服务岗位、交易岗位、结算岗位	使用岗位编号	G2005、G2003、G2004
活动描述	对直购发电企业注销申请进行审核		
输入业务信息编号	BI-BD-SCFW-0105		
输出业务信息编号	BI-BD-SCFW-0105		
业务步骤/业务规则	（1）直购发电企业提交注销申请后，由电力交易中心市场服务岗位受理注销申请。市场服务岗位对注销申请进行审核。 （2）发电企业注销需要电力交易中心交易岗位、结算岗位对相关的交易、合同、结算等业务情况进行核实，并将审核结论发送至市场服务岗位，由市场服务岗位根据交易岗位、结算岗位结论来确定是否具备注销条件，完成注销生效		
非功能要求	业务正常时小于 2s，业务高峰时小于 3s		

5.3.3.18.3　电网企业审核

电网企业审核见表 5-87。

表 5-87　　　　　　　　　　**BP-BD-SCFW-0118-0003 电网企业审核**

活动编号	BP-BD-SCFW-0118-0003	活动名称	电网企业审核
使用组织单元	电网企业营销部门	使用岗位编号	G3001
活动描述	对非直购发电企业注销申请进行审核		
输入业务信息编号	BI-BD-SCFW-0105		
输出业务信息编号	BI-BD-SCFW-0105		
业务步骤/业务规则	（1）非直购所属机组注销由电网企业营销部门审核。 （2）发电企业注销需要电力交易中心交易岗位、结算岗位对相关的交易、合同、结算等业务情况进行核实，并将审核结论发送至市场服务岗位，由市场服务岗位根据交易岗位、结算岗位结论来确定是否具备注销条件，完成注销生效		
非功能要求	业务正常时小于 2s，业务高峰时小于 3s		

5.3.3.18.4 电力交易中心生效

电力交易中心生效见表5-88。

表5-88　　　　　　　　　**BP-BD-SCFW-0118-0004 电力交易中心生效**

活动编号	BP-BD-SCFW-0118-0004	活动名称	电力交易中心生效
使用组织单元	电力交易中心市场服务岗位	使用岗位编号	G2005
活动描述	对审核通过的发电企业注销申请进行生效操作		
输入业务信息编号	BI-BD-SCFW-0105		
输出业务信息编号	BI-BD-SCFW-0105		
业务步骤/业务规则	（1）非直购所属机组注销由电网企业审核，由电力交易中心市场服务岗位生效，直购发电企业所属机组注销由市场服务岗位审核、生效，生效后进行信息归档。 （2）对于满足注销条件的发电企业，市场服务岗位及时处理平台中相关信息，注销信息生效后，信息纳入正式库并进行信息归档		
非功能要求	业务正常时小于2s，业务高峰时小于3s		

5.3.3.19　电力用户注销受理流程活动清单

电力用户注销受理流程活动清单见表5-89。

表5-89　　　　　　　　　　**电力用户注销受理流程活动清单**

活动编号	业务活动名称
BP-BD-SCFW-0119-0001	电力用户注销申请提交
BP-BD-SCFW-0119-0002	电力交易中心审核
BP-BD-SCFW-0119-0003	电力交易中心生效

5.3.3.19.1　电力用户注销申请提交

电力用户注销申请提交见表5-90。

表5-90　　　　　　　　　**BP-BD-SCFW-0119-0001 电力用户注销申请提交**

活动编号	BP-BD-SCFW-0119-0001	活动名称	电力用户注销申请提交
使用组织单元	电力用户	使用岗位编号	G5004、G5005
活动描述	电力用户向电力交易中心提出注销申请		

续表

输入业务信息编号	BI-BD-SCFW-0106
输出业务信息编号	BI-BD-SCFW-0106
业务步骤/业务规则	（1）电力用户因自身原因需要退出市场时，可以自愿到电力交易平台提交注销申请。 （2）提交对未履行的市场交易合同妥当处置情况，并提供有关证明材料
非功能要求	用户登录平均响应时间：业务正常时小于 2s，业务高峰时小于 3s； 基本提交操作响应时间：业务正常时小于 2s，业务高峰时小于 3s

5.3.3.19.2　电力交易中心审核

电力交易中心审核见表 5-91。

表 5-91 　　　　　　　　**BP-BD-SCFW-0119-0002 电力交易中心审核**

活动编号	BP-BD-SCFW-0119-0002	活动名称	电力交易中心审核
使用组织单元	电力交易中心市场服务岗位、 交易岗位、结算岗位	使用岗位编号	G2005、G2003、G2004
活动描述	对电力用户注销申请进行审核		
输入业务信息编号	BI-BD-SCFW-0106		
输出业务信息编号	BI-BD-SCFW-0106		
业务步骤/业务规则	（1）电力交易中心市场服务岗位审核电力用户注销申请信息，是否满足注销的要求，不满足时驳回申请并短信通知。 （2）合同岗位审核所注销的电力用户是否有未完成合同，如果有则需等待合同业务完成后提交下一步处理，结算岗位审核是否有未清算业务，如果有需等待结算业务完成，如果没有则提交至市场服务岗位待生效。 （3）电力用户已完成电量电费清算。 （4）对于市场化零售客户，须与售电公司解除购售电关系。 （5）符合强制注销条件的电力用户，市场服务岗位对电力用户进行强制注销，并注明原因。 （6）对注销用户相关材料进行公示，公示期满无异议则对注销申请进行生效操作		
非功能要求	业务正常时小于 2s，业务高峰时小于 3s		

5.3.3.19.3　电力交易中心生效

电力交易中心生效见表 5-92。

表 5-92　　　　　　　　BP-BD-SCFW-0119-0003 电力交易中心生效

活动编号	BP-BD-SCFW-0119-0003	活动名称	电力交易中心生效
使用组织单元	电力交易中心市场服务岗位	使用岗位编号	G2005
活动描述	对审核通过的电力用户注销申请进行生效操作		
输入业务信息编号	BI-BD-SCFW-0106		
输出业务信息编号	BI-BD-SCFW-0106		
业务步骤/业务规则	（1）注销后，电力用户需要再次参加电力市场交易的，需重新办理入市注册手续。 （2）合同、结算业务清算完成后，电力交易中心市场服务岗位生效其注销申请，并短信通知申请人。 （3）注销申请生效后推送电网企业营销系统，并进行信息归档工作		
非功能要求	业务正常时小于 2s，业务高峰时小于 3s		

5.3.3.20　售电公司注销受理流程活动清单

售电公司注销受理流程活动清单见表 5-93。

表 5-93　　　　　　　　售电公司注销受理流程活动清单

活动编号	业务活动名称
BP-BD-SCFW-0120-0001	提交注销申请
BP-BD-SCFW-0120-0002	电力交易中心审核
BP-BD-SCFW-0120-0003	电力交易中心公示
BP-BD-SCFW-0120-0004	电力交易中心生效

5.3.3.20.1　售电公司注销申请提交

售电公司注销申请提交见表 5-94。

表 5-94　　　　　　　　BP-BD-SCFW-0120-0001 售电公司注销申请提交

活动编号	BP-BD-SCFW-0120-0001	活动名称	售电公司注销申请提交
使用组织单元	售电公司	使用岗位编号	G5004、G5005
活动描述	售电公司向电力交易中心提出注销申请		
输入业务信息编号	BI-BD-SCFW-0107		
输出业务信息编号	BI-BD-SCFW-0107		

业务步骤/业务规则	（1）售电公司在注册交易中心申请整体注销，同时会将已生效业务范围进行注销。 （2）售电公司市场注销主要包括自愿和强制注销，符合《售电公司市场注册及运营服务规范》中售电公司市场注销强制注销情形的，电力交易中心市场服务岗位将对售电公司信息进行强制注销，同时记录被强制注销原因、强制注销时间等关键信息，并短信通知被强制注销售电公司的联系人。 （3）售电公司因自身原因需要退出市场时，可以自愿到注册地电力交易平台提交市场注销申请。申请应内容包括：①市场退出原因；②依据规则，如有需要，提供政府有关部门意见；③对未履行的市场交易合同妥当处置情况，并提供有关证明材料
非功能要求	用户登录平均响应时间：业务正常时小于 2s，业务高峰时小于 3s； 基本提交操作响应时间：业务正常时小于 2s，业务高峰时小于 3s

5.3.3.20.2　电力交易中心审核

电力交易中心审核见表 5-95。

表 5-95　　　　　　　　　BP-BD-SCFW-0120-0002 电力交易中心审核

活动编号	BP-BD-SCFW-0120-0002	活动名称	电力交易中心审核
使用组织单元	电力交易中心市场服务岗位、交易岗位、结算岗位	使用岗位编号	G2005、G2003、G2004
活动描述	对售电公司注销申请进行审核		
输入业务信息编号	BI-BD-SCFW-0107		
输出业务信息编号	BI-BD-SCFW-0107		
业务步骤/业务规则	（1）电力交易中心市场服务岗位在收到售电公司自愿退出市场的申请后，对售电公司提交的申请和相关材料进行审查，材料不全的驳回申请并通知其进行补充。市场服务岗位收到注销申请后进行资料审核，通过后完成注销。 （2）售电公司办理注销应完成与所有零售用户解绑，完成合同处置，完成电量电费清算。 （3）受理审核同时发送审核流程至交易岗位、结算岗位，对相关的交易、合同、结算业务进行核对，审核是否同意其注销申请，并将审核结论发送至市场服务岗位参考，市场服务岗位根据审核结论驳回或进行下一步公示，公示期满无异议后注销生效。审核不通过的驳回申请或等待补齐相关材料后再次提交受理。 （4）对通过审查的售电公司按照市场主体协商一致意见或强制退出意见提交交易岗位进行合同变更工作，交易岗位处理完成后提交结算岗位进行结算清算相关工作。 （5）售电公司的注销，在注册地电力交易中心市场服务岗位受理申请后，将注销申请推送至待注销的业务范围市场服务岗位进行审批生效		
非功能要求	业务正常时小于 2s，业务高峰时小于 3s		

5.3.3.20.3 电力交易中心公示

电力交易中心公示见表 5-96。

表 5-96　　　　　　**BP-BD-SCFW-0120-0003 电力交易中心公示**

活动编号	BP-BD-SCFW-0120-0003	活动名称	电力交易中心公示
使用组织单元	电力交易中心市场服务岗位	使用岗位编号	G2005
活动描述	电力交易中心对通过注销审核的售电公司进行公示		
输入业务信息编号	BI-BD-SCFW-0107		
输出业务信息编号	BI-BD-SCFW-0107		
业务步骤/业务规则	对注销售电公司的相关材料通过"信用中国"等政府指定网站向社会公示，公示期10个工作日。公示期满无异议的，电力交易中心市场服务岗位对注销申请进行生效		
非功能要求	业务正常时小于2s，业务高峰时小于3s		

5.3.3.20.4 电力交易中心生效

电力交易中心生效见表 5-97。

表 5-97　　　　　　**BP-BD-SCFW-0120-0004 电力交易中心生效**

活动编号	BP-BD-SCFW-0120-0004	活动名称	电力交易中心生效
使用组织单元	电力交易中心市场服务岗位	使用岗位编号	G2005
活动描述	对公示通过的售电公司注销申请进行生效操作		
输入业务信息编号	BI-BD-SCFW-0107		
输出业务信息编号	BI-BD-SCFW-0107		
业务步骤/业务规则	（1）公示期满无异议的，电力交易中心市场服务岗位对注销申请进行生效。 （2）注销后，售电公司需要再次参加电力市场交易的，需重新办理入市注册手续。 （3）完成全部信息包括纸质资料的归档工作		
非功能要求	业务正常时小于2s，业务高峰时小于3s		

5.3.3.21 电网企业注销受理流程活动清单

电网企业注销受理流程活动清单见表 5-98。

表 5-98   电网企业注销受理流程活动清单

活动编号	业务活动名称
BP-BD-SCFW-0121-0001	电网企业注销申请提交
BP-BD-SCFW-0121-0002	电力交易中心审核
BP-BD-SCFW-0121-0003	电力交易中心生效

5.3.3.21.1 电网企业注销申请提交

电网企业注销申请提交见表 5-99。

表 5-99   **BP-BD-SCFW-0121-0001 电网企业注销申请提交**

活动编号	BP-BD-SCFW-0121-0001	活动名称	电网企业注销申请提交
使用组织单元	电网企业	使用岗位编号	G5004、G5005
活动描述	电网企业登录电力交易平台，填写注销申请信息并提交申请		
输入业务信息编号	BI-BD-SCFW-0014		
输出业务信息编号	BI-BD-SCFW-0014		
业务步骤/业务规则	（1）电网企业因自身原因需要退出市场时，可自愿到注册地电力交易平台提交市场注销申请。申请内容包括：注销原因、相关证明材料等。 （2）电网企业提交注销申请后，可登录平台查看审核流程信息，并根据审核意见进行信息修改		
非功能要求	用户登录平均响应时间：业务正常时小于 2s，业务高峰时小于 3s； 基本提交操作响应时间：业务正常时小于 2s，业务高峰时小于 3s		

5.3.3.21.2 电力交易中心审核

电力交易中心审核见表 5-100。

表 5-100   **BP-BD-SCFW-0121-0002 电力交易中心审核**

活动编号	BP-BD-SCFW-0121-0002	活动名称	电力交易中心审核
使用组织单元	电力交易中心市场服务岗位、交易岗位、结算岗位	使用岗位编号	G2005、G2003、G2004
活动描述	对电网企业的注销申请进行规范性审核		
输入业务信息编号	BI-BD-SCFW-0002		

输出业务信息编号	BI-BD-SCFW-0002
业务步骤/业务规则	（1）电力交易中心市场服务岗位在收到电网企业的注销申请后，可受理其申请，并审核其信息的完整性、规范性，如审核无问题，可通过其申请，同时以短信方式通知相关联系人。 （2）如电网企业注销申请信息有误，市场服务岗位驳回电网企业的注销申请，同时以短信方式通知相关联系人，并注明驳回原因。 （3）如市场服务岗位审核无误，市场服务岗位将电网企业注销申请提交交易岗位审核，交易岗位审核其交易是否执行完成，如交易岗位审核无误，交易岗位将电网企业注销申请提交结算岗位审核，结算岗位审核其计算是否完成
非功能要求	信息查看操作平均响应时间：业务正常时小于2s，业务高峰时小于3s； 审核结果提交操作平均响应时间：业务正常时小于2s，业务高峰时小于3s

5.3.3.21.3 电力交易中心生效

电力交易中心生效见表5-101。

表 5-101　　　　　　　　BP-BD-SCFW-0121-0003 电力交易中心生效

活动编号	BP-BD-SCFW-0121-0003	活动名称	电力交易中心生效
使用组织单元	电力交易中心市场服务岗位	使用岗位编号	G2005
活动描述	如电力交易中心结算岗位审核无误，市场服务岗位生效该电网企业的注销申请		
输入业务信息编号	BI-BD-SCFW-0002		
输出业务信息编号	BI-BD-SCFW-0002		
业务步骤/业务规则	（1）如电力交易中心结算岗位审核无误，市场服务岗位生效电网企业的注销申请，同时通过短信方式通知相关注册联系人。 （2）注销信息生效后，信息纳入正式库并进行信息归档工作		
非功能要求	生效提交操作平均响应时间：业务正常时小于2s，业务高峰时小于3s		

5.3.3.22 独立储能注销受理流程活动清单

独立储能注销受理流程活动清单见表5-102。

表 5-102　　　　　　　　独立储能注销受理流程活动清单

活动编号	业务活动名称
BP-BD-SCFW-0122-0001	独立储能注销申请提交

活动编号	业务活动名称
BP-BD-SCFW-0122-0002	电力交易中心审核
BP-BD-SCFW-0122-0003	电力交易中心公示
BP-BD-SCFW-0122-0004	电力交易中心生效

5.3.3.22.1　独立储能注销申请提交

独立储能注销申请提交见表 5-103。

表 5-103　　　　　　　　**BP-BD-SCFW-0122-0001 独立储能注销申请提交**

活动编号	BP-BD-SCFW-0122-0001	活动名称	独立储能注销申请提交
使用组织单元	独立储能	使用岗位编号	G5004、G5005
活动描述	独立储能登录电力交易平台，填写注销申请信息并提交申请		
输入业务信息编号	BI-BD-SCFW-0014		
输出业务信息编号	BI-BD-SCFW-0014		
业务步骤/业务规则	（1）独立储能因自身原因需要退出市场时，可自愿到注册地电力交易平台提交注销申请。申请内容包括：注销原因、相关证明材料等。 （2）独立储能提交注销申请后，可登录平台查看审核流程信息，并根据审核意见进行信息修改		
非功能要求	用户登录平均响应时间：业务正常时小于 2s，业务高峰时小于 3s； 基本提交操作响应时间：业务正常时小于 2s，业务高峰时小于 3s		

5.3.3.22.2　电力交易中心审核

电力交易中心审核见表 5-104。

表 5-104　　　　　　　　**BP-BD-SCFW-0122-0002 电力交易中心审核**

活动编号	BP-BD-SCFW-0122-0002	活动名称	电力交易中心审核
使用组织单元	电力交易中心市场服务岗位、 交易岗位、结算岗位	使用岗位编号	G2005、G2003、G2004
活动描述	对独立储能的注销申请进行规范性审核		
输入业务信息编号	BI-BD-SCFW-0002		
输出业务信息编号	BI-BD-SCFW-0002		

业务步骤/业务规则	（1）电力交易中心市场服务岗位在收到独立储能的注销申请后，可受理其申请，并审核其信息的完整性、规范性，如审核无问题，可通过其申请，同时以短信方式通知相关联系人。 （2）如独立储能注销申请信息有误，市场服务岗位驳回独立储能的注销申请，同时通过短信方式通知相关联系人，并注明驳回原因。 （3）如市场服务岗审核无误，市场服务岗位将独立储能注销申请提交交易岗位审核，交易岗位审核其交易是否执行完成，如交易岗位审核无误，交易岗位将独立储能注销申请提交结算岗位审核，结算岗位审核其计算是否完成
非功能要求	信息查看操作平均响应时间：业务正常时小于 2s，业务高峰时小于 3s； 审核结果提交操作平均响应时间：业务正常时小于 2s，业务高峰时小于 3s

5.3.3.22.3　电力交易中心公示

电力交易中心公示见表 5-105。

表 5-105　　　　　　　BP-BD-SCFW-0122-0003 电力交易中心公示

活动编号	BP-BD-SCFW-0122-0003	活动名称	电力交易中心公示
使用组织单元	电力交易中心市场服务岗位	使用岗位编号	G2005
活动描述	对审核通过的独立储能注销流程进行公示		
输入业务信息编号	BI-BD-SCFW-0002		
输出业务信息编号	BI-BD-SCFW-0002		
业务步骤/业务规则	独立储能注销流程处于待公示状态时可进行公示操作，公示期默认 10 天，公示期内存在异议且属实的进行公示不通过操作，并记录公示不通过原因，以便独立储能查看		
非功能要求	驳回提交操作平均响应时间：业务正常时小于 2s，业务高峰时小于 3s		

5.3.3.22.4　电力交易中心生效

电力交易中心生效见表 5-106。

表 5-106　　　　　　　BP-BD-SCFW-0122-0004 电力交易中心生效

活动编号	BP-BD-SCFW-0122-0004	活动名称	电力交易中心生效
使用组织单元	电力交易中心市场服务岗位	使用岗位编号	G2005
活动描述	如电力交易中心结算岗位审核无误，市场服务岗位生效该独立储能的注销申请		

续表

输入业务信息编号	BI-BD-SCFW-0002
输出业务信息编号	BI-BD-SCFW-0002
业务步骤/业务规则	（1）如电力交易中心结算岗位审核无误，市场服务岗位生效独立储能的注销申请，同时通过短信方式通知相关注册联系人。 （2）注销信息生效后，信息纳入正式库并进行信息归档工作
非功能要求	生效提交操作平均响应时间：业务正常时小于2s，业务高峰时小于3s

5.3.3.23　售电公司店铺管理流程活动清单

售电公司店铺管理流程活动清单见表5-107。

表5-107　　　　　　　　　　售电公司店铺管理流程活动清单

活动编号	业务活动名称
BP-BD-SCFW-0201-0001	提交店铺修改申请
BP-BD-SCFW-0201-0002	电力交易中心审核
BP-BD-SCFW-0201-0003	店铺信息修改发布

5.3.3.23.1　提交店铺修改申请

提交店铺修改申请见表5-108。

表5-108　　　　　　　BP-BD-SCFW-0201-0001 提交店铺修改申请

活动编号	BP-BD-SCFW-0201-0001	活动名称	提交店铺修改申请
使用组织单元	售电公司	使用岗位编号	G5004、G5005
活动描述	售电公司登录电力交易平台，对店铺信息进行修改并提交申请		
输入业务信息编号	BI-BD-SCFW-0158		
输出业务信息编号	BI-BD-SCFW-0158		
业务步骤/业务规则	售电公司填写企业简介、主营业务、客服热线等内容，上传店铺标识和招牌图片，维护公开展示的企业信息		
非功能要求	业务正常时小于2s，业务高峰时小于3s		

5.3.3.23.2　电力交易中心审核

电力交易中心审核见表5-109。

表 5-109   **BP-BD-SCFW-0201-0002 电力交易中心审核**

活动编号	BP-BD-SCFW-0201-0002	活动名称	电力交易中心审核
使用组织单元	电力交易中心市场服务岗位	使用岗位编号	G2005
活动描述	电力交易中心市场服务岗位审核售电公司提交的店铺信息，如未通过则驳回并填写修改意见		
输入业务信息编号	BI-BD-SCFW-0158		
输出业务信息编号	BI-BD-SCFW-0158		
业务步骤/业务规则	（1）电力交易中心市场服务岗位查看售电公司提交的店铺信息，审核相应的企业简介、主营业务、店铺标识和招牌图片等信息。 （2）如未通过审核，市场服务岗位驳回修改申请，并填写修改意见。 （3）如内容通过审核则在电力交易平台进行更新展示		
非功能要求	平均响应时间不超过 3s		

5.3.3.23.3　店铺信息修改发布

店铺信息修改发布见表 5-110。

表 5-110   **BP-BD-SCFW-0201-0003 店铺信息修改发布**

活动编号	BP-BD-SCFW-0201-0003	活动名称	店铺信息修改发布
使用组织单元	电力交易中心市场服务岗位	使用岗位编号	G2005
活动描述	电力交易中心市场服务岗位审核完成后，店铺信息生效，将展示在零售市场交易平台		
输入业务信息编号	BI-BD-SCFW-0158		
输出业务信息编号	BI-BD-SCFW-0158		
业务步骤/业务规则	（1）电力交易中心市场服务岗位确认店铺信息生效。 （2）电力交易平台更新相应店铺企业简介、主营业务、店铺标识和招牌图片等展示信息		
非功能要求	业务正常时小于 2s，业务高峰时小于 3s		

5.3.3.24　售电公司绑定零售用户流程活动清单

售电公司绑定零售用户流程活动清单见表 5-111。

表 5-111   **售电公司绑定零售用户流程活动清单**

活动编号	业务活动名称
BP-BD-SCFW-0202-0001	绑定关系申请提交

续表

活动编号	业务活动名称
BP-BD-SCFW-0202-0002	确认绑定关系
BP-BD-SCFW-0202-0003	电力交易中心审核
BP-BD-SCFW-0202-0004	电网企业审核
BP-BD-SCFW-0202-0005	电力交易中心生效

5.3.3.24.1　绑定关系申请提交

绑定关系申请提交见表 5-112。

表 5-112　　　　　　　**BP-BD-SCFW-0202-0001 绑定关系申请提交**

活动编号	BP-BD-SCFW-0202-0001	活动名称	绑定关系申请提交
使用组织单元	售电公司	使用岗位编号	G5004、G5005
活动描述	售电公司选择可绑定零售用户，提交绑定关系申请		
输入业务信息编号	BI-BD-SCFW-0109		
输出业务信息编号	BI-BD-SCFW-0109		
业务步骤/业务规则	售电公司与零售用户签订代理协议或购电合同后，到电力交易平台选择可绑定用户，并提交绑定申请		
非功能要求	用户登录平均响应时间：业务正常时小于 2s，业务高峰时小于 3s； 基本提交操作响应时间：业务正常时小于 2s，业务高峰时小于 3s		

5.3.3.24.2　确认绑定关系

确认绑定关系见表 5-113。

表 5-113　　　　　　　**BP-BD-SCFW-0202-0002 确认绑定关系**

活动编号	BP-BD-SCFW-0202-0002	活动名称	确认绑定关系
使用组织单元	零售用户	使用岗位编号	G5004、G5005
活动描述	零售用户确认绑定关系		
输入业务信息编号	BI-BD-SCFW-0109		
输出业务信息编号	BI-BD-SCFW-0109		

业务步骤/业务规则	售电公司发起绑定申请后，由零售用户进行绑定确认。零售用户确认时需核实售电公司提交的绑定信息是否准确，若准确无误则通过确认，其他售电公司发起的申请自动失效，提交电力交易中心市场服务岗位审核；若有异议，可回退给售电公司，修改绑定信息
非功能要求	业务正常时小于 2s，业务高峰时小于 3s

5.3.3.24.3 电力交易中心审核

电力交易中心审核见表 5-114。

表 5-114　　　　　　　　　BP-BD-SCFW-0202-0003 电力交易中心审核

活动编号	BP-BD-SCFW-0202-0003	活动名称	电力交易中心审核
使用组织单元	电力交易中心市场服务岗位	使用岗位编号	G2005
活动描述	市场服务岗位对绑定关系进行审核，无误后审核通过并发送电网企业营销部门审核		
输入业务信息编号	BI-BD-SCFW-0109		
输出业务信息编号	BI-BD-SCFW-0109		
业务步骤/业务规则	（1）电力交易中心市场服务岗位受理双方确认的绑定申请，受理绑定申请后，将绑定申请及"绑定关系信息"发送电网企业营销部门进行审核。 （2）电网企业营销部门收到零售用户绑定信息后，对零售用户是否符合规则要求进行审核，审核后将"审核信息"反馈电力交易中心市场服务岗位。 （3）若审核通过，则电力交易中心市场服务岗位设置绑定关系生效，并通知售电公司及零售用户；若审核未通过，则将审核意见回退给绑定关系申请方，处理后续业务，或终止流程		
非功能要求	业务正常时小于 2s，业务高峰时小于 3s		

5.3.3.24.4 电网企业审核

电网企业审核见表 5-115。

表 5-115　　　　　　　　　BP-BD-SCFW-0202-0004 电网企业审核

活动编号	BP-BD-SCFW-0202-0004	活动名称	电网企业审核
使用组织单元	电网企业营销部门	使用岗位编号	G2011
活动描述	电网企业营销部门对绑定关系进行审核，无误后数据生效		
输入业务信息编号	BI-BD-SCFW-0109		

输出业务信息编号	BI-BD-SCFW-0109
业务步骤/业务规则	电网企业营销部门需在 3 个工作日内完成审核并向电力交易中心市场服务岗位反馈审核意见，审核不通过，需要说明原因；电网企业营销部门审核通过后，零售用户与售电公司的绑定申请生效
非功能要求	业务正常时小于 2s，业务高峰时小于 3s

5.3.3.24.5　电力交易中心生效

电力交易中心生效见表 5-116。

表 5-116　　　　　　　　　**BP-BD-SCFW-0202-0005 电力交易中心生效**

活动编号	BP-BD-SCFW-0202-0005	活动名称	电力交易中心生效
使用组织单元	电力交易中心市场服务岗位	使用岗位编号	G2005
活动描述	电力交易中心市场服务岗位对电网企业营销部门审核通过结果进行生效操作		
输入业务信息编号	BI-BD-SCFW-0109		
输出业务信息编号	BI-BD-SCFW-0109		
业务步骤/业务规则	电网企业营销部门审核通过后，将绑定申请信息发送至电力交易中心市场服务岗位进行生效操作，生效后系统将业务相关所有信息与操作录入日志记录，并进行信息归档工作，保障市场主体业务数据的全生命周期管理		
非功能要求	业务正常时小于 2s，业务高峰时小于 3s		

5.3.3.25　零售用户绑定售电公司流程图活动清单

零售用户绑定售电公司流程活动清单见表 5-117。

表 5-117　　　　　　　　　**零售用户绑定售电公司流程活动清单**

活动编号	业务活动名称
BP-BD-SCFW-0203-0001	绑定关系申请提交
BP-BD-SCFW-0203-0002	确认绑定关系
BP-BD-SCFW-0203-0003	电力交易中心审核
BP-BD-SCFW-0203-0004	电网企业审核
BP-BD-SCFW-0203-0005	电力交易中心生效

5.3.3.25.1　绑定关系申请提交

绑定关系申请提交见表 5-118。

表 5-118 **BP-BD-SCFW-0203-0001 绑定关系申请提交**

活动编号	BP-BD-SCFW-0203-0001	活动名称	绑定关系申请提交
使用组织单元	零售用户	使用岗位编号	G5004、G5005
活动描述	未绑定零售用户选择售电公司，并提交绑定关系申请		
输入业务信息编号	BI-BD-SCFW-0109		
输出业务信息编号	BI-BD-SCFW-0109		
业务步骤/业务规则	零售用户与售电公司签订代理协议或购电合同后，到电力交易平台选择售电公司，并提交绑定申请		
非功能要求	用户登录平均响应时间：业务正常时小于2s，业务高峰时小于3s；基本提交操作响应时间：业务正常时小于2s，业务高峰时小于3s		

5.3.3.25.2 确认绑定关系

确认绑定关系见表5-119。

表 5-119 **BP-BD-SCFW-0203-0002 确认绑定关系**

活动编号	BP-BD-SCFW-0203-0002	活动名称	确认绑定关系
使用组织单元	售电公司	使用岗位编号	G5004、G5005
活动描述	售电公司确认绑定关系		
输入业务信息编号	BI-BD-SCFW-0109		
输出业务信息编号	BI-BD-SCFW-0109		
业务步骤/业务规则	零售用户发起绑定申请后，由售电公司进行绑定确认。售电公司确认时需核实零售用户提交的绑定信息是否准确，若准确无误则通过确认；若有异议，可回退给零售用户，修改绑定信息		
非功能要求	业务正常时小于2s，业务高峰时小于3s		

5.3.3.25.3 电力交易中心审核

电力交易中心审核见表5-120。

表 5-120 **BP-BD-SCFW-0203-0003 电力交易中心审核**

活动编号	BP-BD-SCFW-0203-0003	活动名称	电力交易中心审核
使用组织单元	电力交易中心市场服务岗位、电网企业营销部门	使用岗位编号	G2005、G2011
活动描述	电力交易中心市场服务岗位对绑定关系进行审核，无误后审核通过并发送电网企业营销部门审核		
输入业务信息编号	BI-BD-SCFW-0109		
输出业务信息编号	BI-BD-SCFW-0109		

业务步骤/业务规则	（1）电力交易中心市场服务岗位受理双方确认的绑定申请，受理绑定申请后，将绑定申请及"绑定关系信息"发送电网企业营销部门进行审核。 （2）电网企业营销部门收到绑定信息后，对零售用户是否符合规则要求进行审核，审核后将"审核信息"反馈电力交易中心市场服务岗位。 （3）若审核通过，则电力交易中心市场服务岗位设置绑定关系生效，并通知售电公司及零售用户；若审核未通过，则将审核意见回退给绑定关系申请方，处理后续业务，或终止流程
非功能要求	业务正常时小于 2s，业务高峰时小于 3s

5.3.3.25.4 电网企业审核

电网企业审核见表 5-121。

表 5-121　　　　　　　　**BP-BD-SCFW-0203-0004 电网企业审核**

活动编号	BP-BD-SCFW-0203-0004	活动名称	电网企业审核
使用组织单元	电网企业营销部门	使用岗位编号	G2011
活动描述	电网企业营销部门对绑定关系进行审核，无误后数据生效		
输入业务信息编号	BI-BD-SCFW-0109		
输出业务信息编号	BI-BD-SCFW-0109		
业务步骤/业务规则	电网企业营销部门需在 3 个工作日内完成审核并向电力交易中心市场服务岗位反馈审核意见，审核不通过，需要说明原因；电网企业营销部门审核通过后，零售用户与售电公司的绑定申请生效		
非功能要求	业务正常时小于 2s，业务高峰时小于 3s		

5.3.3.25.5 电力交易中心生效

电力交易中心生效见表 5-122。

表 5-122　　　　　　　　**BP-BD-SCFW-0203-0005 电力交易中心生效**

活动编号	BP-BD-SCFW-0203-0005	活动名称	电力交易中心生效
使用组织单元	电力交易中心市场服务岗位	使用岗位编号	G2005
活动描述	电力交易中心市场服务岗位对电网企业营销部门审核通过结果进行生效操作		
输入业务信息编号	BI-BD-SCFW-0109		
输出业务信息编号	BI-BD-SCFW-0109		
业务步骤/业务规则	电网企业营销部门审核通过后，将绑定申请信息发送至电力交易中心市场服务岗位进行生效操作，生效后系统将业务相关所有信息与操作录入日志记录，并进行信息归档工作，保障市场主体业务数据的全生命周期管理		
非功能要求	业务正常时小于 2s，业务高峰时小于 3s		

5.3.3.26 零售关系解绑流程活动清单

零售关系解绑流程活动清单见表 5-123。

表 5-123   零售关系解绑流程活动清单

活动编号	业务活动名称
BP-BD-SCFW-0204-0001	解绑关系申请提交
BP-BD-SCFW-0204-0002	确认解绑关系
BP-BD-SCFW-0204-0003	电力交易中心审核
BP-BD-SCFW-0204-0004	电网企业审核
BP-BD-SCFW-0204-0005	电力交易中心生效

5.3.3.26.1 解绑关系申请提交

解绑关系申请提交见表 5-124。

表 5-124   BP-BD-SCFW-0204-0001 解绑关系申请提交

活动编号	BP-BD-SCFW-0204-0001	活动名称	解绑关系申请提交
使用组织单元	售电公司或零售用户	使用岗位编号	G5004、G5005
活动描述	售电公司或零售用户提交解绑用户申请		
输入业务信息编号	BI-BD-SCFW-0109		
输出业务信息编号	BI-BD-SCFW-0109		
业务步骤/业务规则	（1）售电公司与零售用户都可以发起解绑申请。 （2）售电公司与零售用户必须将其已经签订的直接交易合同全部履约完毕后，才能完成绑定关系解除。 （3）经售电公司与零售用户双方协商，由于非自然原因提前终止代理关系时后，需到电力交易平台发起解绑申请，填写解绑申请信息		
非功能要求	用户登录平均响应时间：业务正常时小于 2s，业务高峰时小于 3s； 基本提交操作响应时间：业务正常时小于 2s，业务高峰时小于 3s		

5.3.3.26.2 确认解绑关系

确认解绑关系见表 5-125。

表 5-125   BP-BD-SCFW-0204-0002 确认解绑关系

活动编号	BP-BD-SCFW-0204-0002	活动名称	确认解绑关系
使用组织单元	售电公司或零售用户	使用岗位编号	G5004、G5005

活动描述	确认方确认绑定关系解除
输入业务信息编号	BI-BD-SCFW-0109
输出业务信息编号	BI-BD-SCFW-0109
业务步骤/业务规则	售电公司或零售用户，发起解绑申请后，另一方需登录系统进行确认。确认方确认时需核实申请方提交的解绑信息是否准确，若准确无误则通过确认，提交电力交易中心市场服务岗位审核；若有异议，可回退给申请方，修改解绑信息
非功能要求	业务正常时小于2s，业务高峰时小于3s

5.3.3.26.3　电力交易中心审核

电力交易中心审核见表5-126。

表 5-126　　　　　　　　　**BP-BD-SCFW-0204-0003 电力交易中心审核**

活动编号	BP-BD-SCFW-0204-0003	活动名称	电力交易中心审核
使用组织单元	电力交易中心市场服务岗位、交易岗位、结算岗位	使用岗位编号	G2005、G2003、G2004
活动描述	电力交易中心市场服务岗位对解绑申请进行审核，无误后审核通过并发送电网企业营销部门审核		
输入业务信息编号	BI-BD-SCFW-0109		
输出业务信息编号	BI-BD-SCFW-0109		
业务步骤/业务规则	（1）电力交易中心市场服务岗位受理双方确认的解绑申请后，需将绑定申请及解绑申请信息发送交易岗位及结算岗位审核。 （2）交易岗位需判断解绑双方是否完成其相关所有合同，若未完成，则需发起合同变更或终止流程，确保其无未完成合同。 （3）结算岗位需针对该绑定关系进行结算清算，确保其原业务已全部结清后，通过审核。 （4）电力交易中心内部审核流转完成后，市场服务岗位解绑申请信息发送电网企业营销部门进行审核		
非功能要求	业务正常时小于2s，业务高峰时小于3s		

5.3.3.26.4　电网企业审核

电网企业审核见表5-127。

表 5-127 BP-BD-SCFW-0204-0004 电网企业审核

活动编号	BP-BD-SCFW-0204-0004	活动名称	电网企业审核
使用组织单元	电网企业营销部门	使用岗位编号	G2011
活动描述	电网企业营销部门对解绑绑定关系进行审核，无误后数据生效		
输入业务信息编号	BI-BD-SCFW-0109		
输出业务信息编号	BI-BD-SCFW-0109		
业务步骤/业务规则	（1）电网企业营销部门收到解绑信息后，需要对该解绑申请进行审核，审核完成后将审核信息反馈电力交易中心市场服务岗位。 （2）若审核通过，则解绑生效，并通知售电公司及零售用户；若审核未通过，则将审核意见回退给解绑绑定关系申请方，处理后续业务，再次提交审核，或终止流程		
非功能要求	业务正常时小于 2s，业务高峰时小于 3s		

5.3.3.26.5 电力交易中心生效

电力交易中心生效见表 5-128。

表 5-128 BP-BD-SCFW-0204-0005 电力交易中心生效

活动编号	BP-BD-SCFW-0204-0005	活动名称	电力交易中心生效
使用组织单元	电力交易中心市场服务岗位	使用岗位编号	G2005
活动描述	电力交易中心市场服务岗位对电网企业营销部门审核通过结果进行生效操作		
输入业务信息编号	BI-BD-SCFW-0109		
输出业务信息编号	BI-BD-SCFW-0109		
业务步骤/业务规则	电网企业营销部门审核通过后,将解绑申请信息发送至电力交易中心市场服务岗位进行生效操作,生效后系统将业务相关所有信息与操作进行日志记录,并进行信息归档工作,保障市场主体业务数据的全生命周期管理		
非功能要求	业务正常时小于 2s，业务高峰时小于 3s		

5.4 业 务 活 动

5.4.1 业务活动清单

市场服务业务活动层级图见图 5-28。

BC-BD-SCFW
市场服务

BC-BD-SCFW-001
市场主体注册

BA-BP-BD-SCFW-0101-0001
注册中心

BA-BP-BD-SCFW-0104-0001
模版及参数配置

BA-BP-BD-SCFW-0107-0001
综合统计展示

BS-BP-BD-SCFW-0102-0001
市场主体信息管理

BA-BP-BD-SCFW-0105-0001
市场主体档案管理

BA-BP-BD-SCFW-0103-0001
电网模型管理

BA-BP-BD-SCFW-0106-0001
市场资质管理

BC-BD-SCFW-002
零售市场管理

BA-BP-BD-SCFW-0201-0001
售电公司店铺管理

BS-BP-BD-SCFW-0202-0001
零售关系绑定

BA-BP-BD-SCFW-0203-0001
零售关系解绑

BC-BD-SCFW-003
数据申报

BA-BP-BD-SCFW-0301-0001
注册信息申报

BA-BP-BD-SCFW-0304-0001
辅助服务交易申报

BA-BP-BD-SCFW-0307-0001
结算信息申报

BS-BP-BD-SCFW-0302-0001
自主信息发布

BA-BP-BD-SCFW-0305-0001
中长期交易申报

BA-BP-BD-SCFW-0308-0001
信用信息申报

BA-BP-BD-SCFW-0303-0001
现货交易申报

BA-BP-BD-SCFW-0306-0001
合同信息申报

BC-BD-SCFW-005
综合服务

BA-BP-BD-SCFW-0501-0001
即时信息交互

BA-BP-BD-SCFW-0502-0001
服务质量管理

BA-BP-BD-SCFW-0503-0001
电力交易知识库

BA-BP-BD-SCFW-0504-0001
个性化定制服务

BA-BP-BD-SCFW-0505-0001
市场成员培训

BA-BP-BD-SCFW-0506-0001
用户中心

BC-BD-SCFW-004
信息查询

BA-BP-BD-SCFW-0401-0001
市场主体信息查询

BA-BP-BD-SCFW-0405-0001
现货交易信息查询

BA-BP-BD-SCFW-0409-0001
电网相关信息查询

BS-BP-BD-SCFW-0402-0001
注册信息查询

BA-BP-BD-SCFW-0406-0001
辅助服务交易信息查询

BA-BP-BD-SCFW-0410-0001
信用信息查询

BA-BP-BD-SCFW-0403-0001
政府监督查询

BA-BP-BD-SCFW-0407-0001
中长期交易信息查询

BA-BP-BD-SCFW-0411-0001
零售市场信息查询

BA-BP-BD-SCFW-0404-0001
发电集团信查询

BA-BP-BD-SCFW-0408-0001
市场运营信息查询

BC-BD-SCFW-006
市场服务-内网应用

BA-BP-BD-SCFW-0601-0001
服务质量管理

BA-BP-BD-SCFW-0603-0001
个性化定制服务

BA-BP-BD-SCFW-0605-0001
用户中心

BS-BP-BD-SCFW-0602-0001
电力交易知识库

BA-BP-BD-SCFW-0604-0001
市场成员培训

BA-BP-BD-SCFW-0606-0001
外网功能镜像

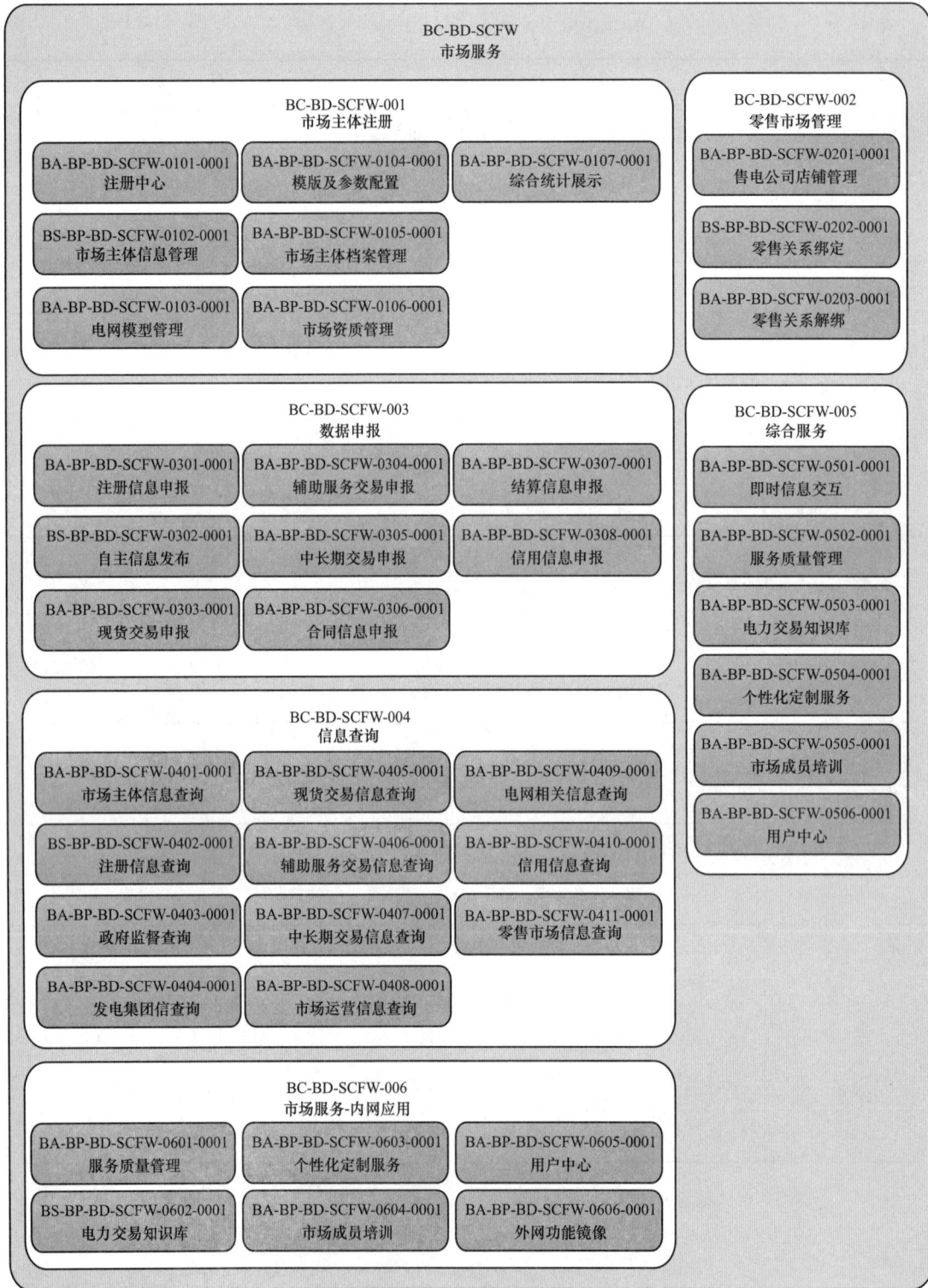

图 5-28　市场服务业务活动层级图

市场服务业务活动清单见表 5-129。

表 5-129   市场服务业务活动清单

业务活动 编号	业务活动 名称	使用岗位 编号	依赖业务 活动编号	业务活动内容描述	前置条件
BC-BD- SCFW- 001	市场主体 注册	G5004、 G2007	无	市场主体按照相关规定进行注册，电力市场注册管理包括入市注册、信息变更、市场注销、备案公示等	无
BC-BD- SCFW- 002	零售市场 管理	G2007、 G5004	无	零售市场管理主要包括售电公司店铺管理、零售关系绑定和解绑等业务内容	无
BC-BD- SCFW- 003	数据申报	G2007、 G4001、 G5001、 G6001	无	数据申报是支撑各类市场主体通过信息外网申报市场交易相关的各类业务信息的窗口，同时，也是与内网市场出清、市场结算、现货交易等应用衔接，支撑中长期及现货市场各类交易业务顺畅开展的支撑应用。数据申报主要包括市场注册、中长期交易、现货交易、辅助服务交易、合同信息、结算信息等各类业务信息的申报，实现各类市场主体全条线业务数据申报，与内网各大应用进行数据交互，开展各类电力交易业务	无
BC-BD- SCFW- 004	信息查询	G2007、 G4001、 G5001、 G6001	无	交易平台是电力市场交易信息发布的统一对外发布信息的窗口，电力交易中心负责管理和维护交易平台，管理和收集、整理、汇总、分类发布市场信息，调控中心配合提供现货交易有关信息，形成信息发布的"主渠道"，方便市场主体获取信息。信息查询是支撑各类市场主体通过信息外网查询各类业务信息的基础应用，同时与内网市场出清、市场	无

续表

业务活动编号	业务活动名称	使用岗位编号	依赖业务活动编号	业务活动内容描述	前置条件
BC-BD-SCFW-004	信息查询	G2007、G4001、G5001、G6001	无	结算、信息发布等应用衔接，作为其发布市场信息的展示窗口。需要为市场成员提供中长期交易、现货交易、辅助服务交易、市场运营信息、电网相关信息、市场主体信息、注册信息、政府监管信息、发电集团信息九大类业务信息的查询，方便市场主体获取信息以更好地参与各类电力交易业务	无
BC-BD-SCFW-005	综合服务	G5001、G5002、G5003、G5004	无	作为电力交易中心面对市场主体的主要窗口，综合服务直观体现了电力交易中心服务水平。平台外网网站不仅需要随时满足不断变化的电力交易业务，同时更需要提供更多、更加便捷的市场主体自主业务支撑，提供更好的用户体验，提升服务水平。此外，需要在外网提供清晰、直观的信用信息发布功能。分角色向各类参评市场主体，展示市场主体信用评价分数及等级等信息，让市场参与者们能够随时随地、即时掌握其信用情况。积极向广大的发电企业、电力用户及售电公司提供全方位的更稳定、更公开、更便捷的电力交易综合服务	无
BC-BD-SCFW-006	市场服务-内网应用	G2007	无	市场服务-内网应用是对外网综合服务业务的支撑应用，同时也是对内网服务质量管理、电力交易知识库、个性化定制服务、市场成员培训、账号中心、外网功能镜像等业务的支撑，与外网综合服务进行数据交互，开展各类电力客户的综合服务业务	无

5.4.1.1 市场主体注册

市场主体注册业务活动层级图见图 5-29。

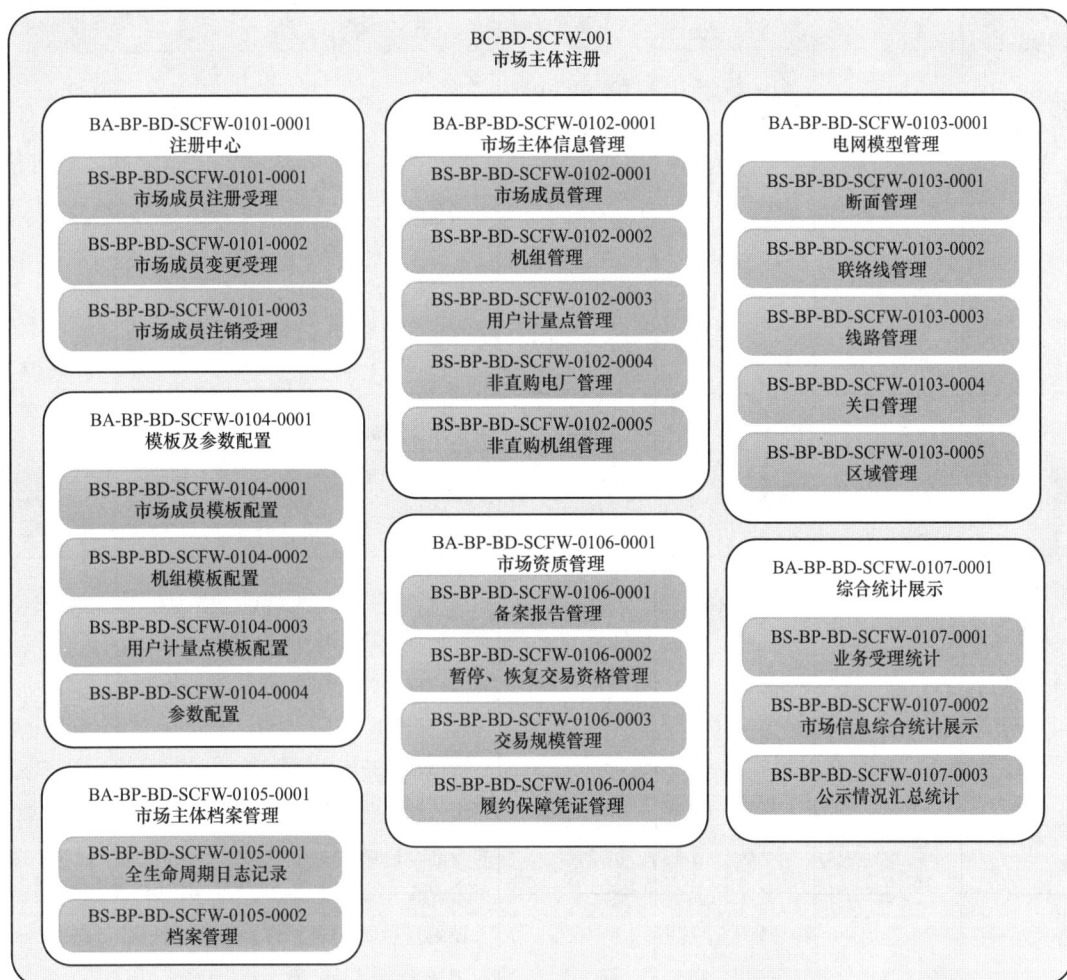

图 5-29　市场主体注册业务活动层级图

市场主体注册业务活动清单见表 5-130。

表 5-130　　　　　　　　　　市场主体注册业务活动清单

业务活动编号	业务活动名称	使用岗位编号	依赖业务活动编号	业务活动内容描述	前置条件
BA-BP-BD-SCFW-0101-0001	注册中心	G5004、G5005、G2007	BA-BP-BD-SCFW-0301-0001	注册中心是市场成员管理的基础，重点为市场成员提供优质的注册服务，包括电力用户、发电企业、售电公司、电	注册信息申报

95

业务活动编号	业务活动名称	使用岗位编号	依赖业务活动编号	业务活动内容描述	前置条件
BA-BP-BD-SCFW-0101-0001	注册中心	G5004、G5005、G2007	BA-BP-BD-SCFW-0301-0001	网企业、独立储能的市场注册、变更、注销审批等	注册信息申报
BA-BP-BD-SCFW-0102-0001	市场主体信息管理	G2007	BA-BP-BD-SCFW-0101-0001	市场主体信息管理主要是方便电力交易中心不同用户对发电企业、售电公司、电力用户、电网企业等市场成员的相关基础、商务、联系信息的维护和查询，维度包括成员类型、机组类型、用户类型、产业类型、发电集团、所在地区、装机容量、电压等级等	市场主体注册生效
BA-BP-BD-SCFW-0103-0001	电网模型管理	G2007	无	电网模型管理主要对电网模型的基础信息进行信息维护，并对模型关系进行设置。维度包括断面、联络线、线路、关口、控制区域等。 电网简化模型需支撑基于ATC的优化出清计算，包含等值线路阻抗等ATC相关静态参数信息	无
BA-BP-BD-SCFW-0104-0001	模版及参数配置	G2007	无	模版及参数配置主要为适应属性展示要求多变，易扩展，功能稳定，提供以模版的方式进行灵活配置，各省电力交易中心可根据实际情况配置自己的模版版本。模版的详细配置包括属性是否展示、属性必填性、属性是否可读	无
BA-BP-BD-SCFW-0105-0001	市场主体档案管理	G2007	BA-BP-BD-SCFW-0101-0001	市场主体档案管理是对市场成员的注册、信息变更、机组退役、市场成员退市等信息进行管理，从经济、物理、组织模型以及业务时间细粒度划分和管理市场成员在电力交易中心进行注册、交	市场主体注册生效

业务活动编号	业务活动名称	使用岗位编号	依赖业务活动编号	业务活动内容描述	前置条件
BA-BP-BD-SCFW-0105-0001	市场主体档案管理	G2007	BA-BP-BD-SCFW-0101-0001	易、结算等各项业务数据。建立市场成员档案，全面、及时、真实地掌握市场成员信息，适应电力交易各类业务口径的管理要求、提升电力交易业务的数据质量。市场成员在注册、变更、注销时会生成大量业务数据、信息，应保持各业务单元底层模型的一致性和数据关联性，保持电力交易平台的基础模型与电力交易业务全过程的时空匹配，在全生命周期日志记录、档案管理两方面实现市场成员的全生命周期管理	市场主体注册生效
BA-BP-BD-SCFW-0106-0001	市场资质管理	G2007	BA-BP-BD-SCFW-0101-0001	市场资质管理主要对市场主体合规市场身份进行界定，防止不符合市场主体身份和交易资格的主体参与交易，包括备案报告管理、暂停或恢复交易资格管理以及交易规模管理	市场主体注册生效
BA-BP-BD-SCFW-0107-0001	综合统计展示	G2007	BA-BP-BD-SCFW-0101-0001、BA-BP-BD-SCFW-0105-0001	综合统计展示主要对市场主体注册入市后全生命周期信息查询、统计，是市场成员管理的重要业务活动，为市场管理者、交易组织者提供不同维度、不同细度的个性化查询统计服务，以便于更好服务和管理市场主体，包括业务受理情况统计监视、市场主体综合查询、市场信息综合统计展示以及公示情况汇总统计	市场主体注册生效

5.4.1.2 零售市场管理

零售市场管理业务活动层级图见图 5-30。

```
                    BC-BD-SCFW-002
                    零售市场管理
  BA-BP-BD-SCFW-0201-0001   BA-BP-BD-SCFW-0202-0001         BA-BP-BD-SCFW-0203-0001
  售电公司店铺管理            零售关系绑定                      零售关系解绑
  BS-BP-BD-SCFW-0201-0001  BS-BP-BD-SCFW-0202-0001  BS-BP-BD-SCFW-0202-0002  BS-BP-BD-SCFW-0203-0001
  店铺信息维护              售电公司绑定零售用户      零售用户绑定售电公司      零售关系解绑
```

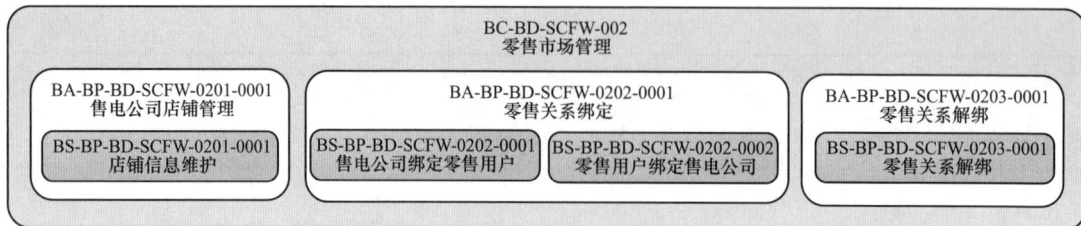

图 5-30　零售市场管理业务活动层级图

零售市场管理业务活动清单见表 5-131。

表 5-131　　　　　　　　　零售市场管理业务活动清单

业务活动编号	业务活动名称	依赖业务活动编号	业务活动内容描述	前置条件
BA-BP-BD-SCFW-0201-0001	售电公司店铺管理	无	售电公司店铺管理包含对售电公司企业信息、企业简介、主营业务、企业logo、客服热线、邮箱及关于描述信息的编辑和维护。售电公司对以上信息进行编辑，确认提交后交由电力交易中心进行审核，电力交易中心对信息审核通过后，相关信息将展示在省电力交易平台"零售市场"售电公司列表及详情页，提供电力用户对相关信息进行查询浏览	无
BA-BP-BD-SCFW-0202-0001	零售关系绑定	无	实现售电公司与零售用户绑定关系审批功能，可以受理、驳回、生效	无
BA-BP-BD-SCFW-0203-0001	零售关系解绑	无	售电公司或零售用户提交解绑申请，另一方可以登录系统进行确认，确认方核实解绑信息准确后，提交电力交易中心市场服务岗位审核。审核通过后，提交电网企业营销部门审核，完成审核后转至市场服务岗位生效	零售关系绑定

5.4.1.3　数据申报

数据申报业务活动层级图见图 5-31。

BA-BP-BD-SCFW-003
数据申报

BA-BP-BD-SCFW-0301-0001
注册信息申报

BS-BP-BD-SCFW-0301-0001 市场主体注册	BS-BP-BD-SCFW-0301-0005 发电企业注销	BS-BP-BD-SCFW-0301-0009 计量点信息变更	BS-BP-BD-SCFW-0301-0013 停复牌申报
BS-BP-BD-SCFW-0301-0002 发电企业基本信息变更	BS-BP-BD-SCFW-0301-0006 电力用户注销	BS-BP-BD-SCFW-0301-0010 联系人信息维护	BS-BP-BD-SCFW-0301-0014 履约保障凭证报送
BS-BP-BD-SCFW-0301-0003 电力用户基本信息变更	BS-BP-BD-SCFW-0301-0007 售电公司注销	BS-BP-BD-SCFW-0301-0011 发电企业类型变更	BS-BP-BD-SCFW-0301-0015 独立储能信息变更
BS-BP-BD-SCFW-0301-0004 售电公司信息变更	BS-BP-BD-SCFW-0301-0008 机组信息变更	BS-BP-BD-SCFW-0301-0012 电力用户类型变更	BS-BP-BD-SCFW-0301-0016 独立储能注销

BA-BP-BD-SCFW-0302-0001
自主信息发布

BS-BP-BD-SCFW-0302-0001
自主信息发布

BA-BP-BD-SCFW-0305-0001
中长期交易申报

BS-BP-BD-SCFW-0305-0001
年度交易

BS-BP-BD-SCFW-0305-0002
月度交易

BS-BP-BD-SCFW-0305-0003
月内调整

BA-BP-BD-SCFW-0303-0001
现货交易申报

BS-BP-BD-SCFW-0303-0001
日前交易申报

BS-BP-BD-SCFW-0303-0002
日内交易申报

BS-BP-BD-SCFW-0303-0003
实时交易申报

BA-BP-BD-SCFW-0308-0001
信用信息申报

BS-BP-BD-SCFW-0308-0001
场外信息申报

BS-BP-BD-SCFW-0308-0002
投诉建议

BS-BP-BD-SCFW-0308-0003
异议申诉

BA-BP-BD-SCFW-0304-0001
辅助服务交易申报

BS-BP-BD-SCFW-0304-0001 日前可中断负荷服务交易申报	BS-BP-BD-SCFW-0304-0002 日内可中断负荷服务交易申报
BS-BP-BD-SCFW-0304-0003 日前无功服务交易申报	BS-BP-BD-SCFW-0304-0004 日内无功服务交易申报
BS-BP-BD-SCFW-0304-0005 日前黑启动服务交易申报	BS-BP-BD-SCFW-0304-0006 日内黑启动服务交易申报
BS-BP-BD-SCFW-0304-0007 日前备用服务交易申报	BS-BP-BD-SCFW-0304-0008 日内备用服务交易申报
BS-BP-BD-SCFW-0304-0009 实时调频辅助服务交易申报	

BA-BP-BD-SCFW-0306-0001
合同信息申报

BS-BP-BD-SCFW-0306-0001 直接交易合同调整报送	BS-BP-BD-SCFW-0306-0004 合同信息变更确认
BS-BP-BD-SCFW-0306-0002 直接交易合同调整确认	BS-BP-BD-SCFW-0306-0005 零售套餐申报
BS-BP-BD-SCFW-0306-0003 合同信息变更申请	

BA-BP-BD-SCFW-0307-0001
结算信息申报

BS-BP-BD-SCFW-0307-0001 发电企业实际上网电量报送	BS-BP-BD-SCFW-0307-0003 特殊成分报送	BS-BP-BD-SCFW-0307-0005 零售结算方案管理	BS-BP-BD-SCFW-0307-0008 结算结果发布
BS-BP-BD-SCFW-0307-0002 发电企业实际发电量报送	BS-BP-BD-SCFW-0307-0004 表计底码报送	BS-BP-BD-SCFW-0307-0007 零售用户结算申报	BS-BP-BD-SCFW-0307-0009 结算结果确认

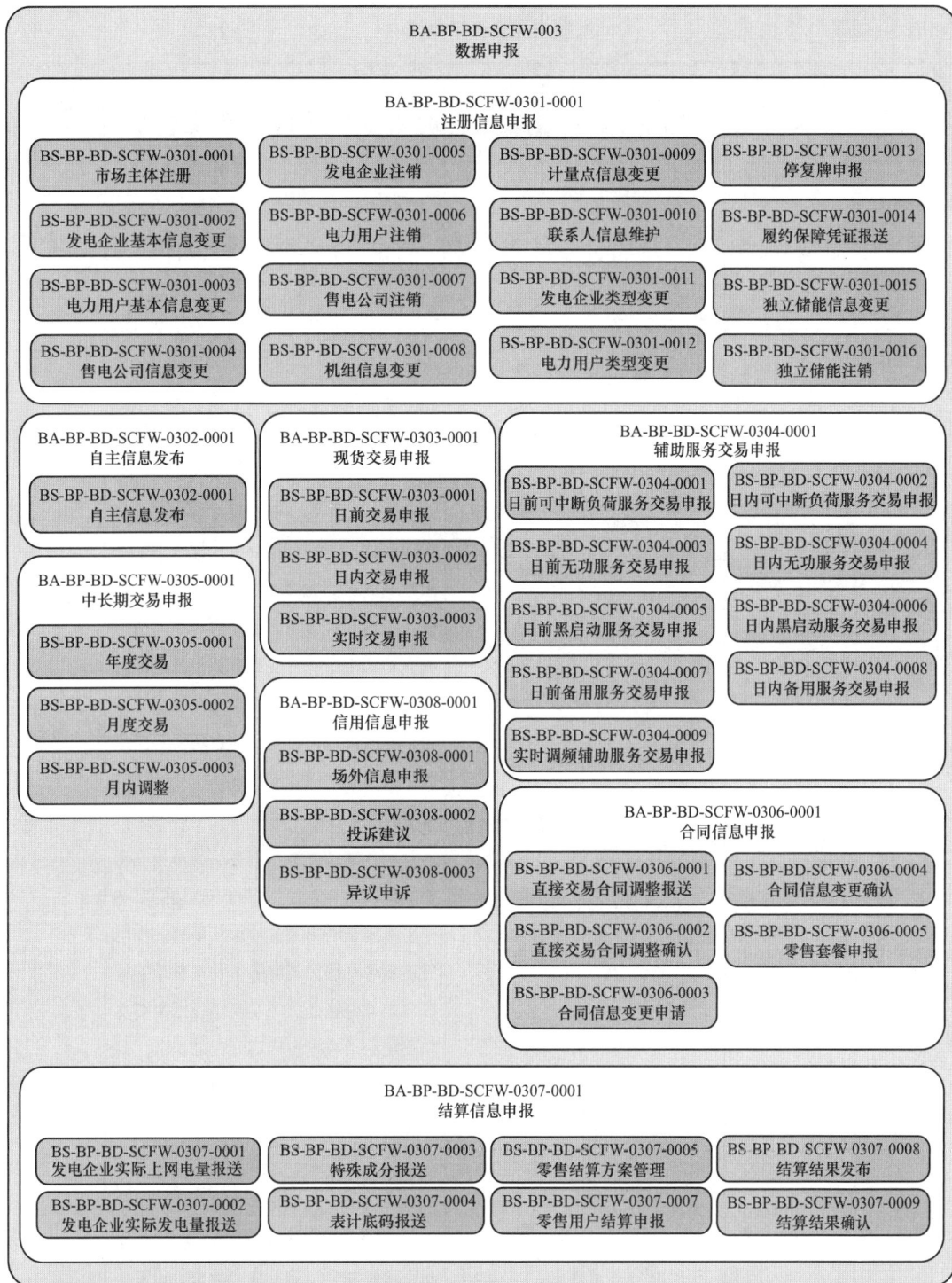

图 5-31　数据申报业务活动层级图

数据申报业务活动清单见表 5-132。

表 5-132　　　　　　　　　　　　　　数据申报业务活动清单

业务活动编号	业务活动名称	使用岗位编号	依赖业务活动编号	业务活动内容描述	前置条件
BA-BP-BD-SCFW-0301-0001	注册信息申报	G5004	无	包括发电企业注册、电力用户注册、售电公司注册、电网企业注册、独立储能注册等	无
BA-BP-BD-SCFW-0302-0001	自主信息发布	G5004、G2007	无	市场主体可发布市场信息	无
BA-BP-BD-SCFW-0303-0001	现货交易申报	G5001	无	支持发电企业进行现货市场日前交易数据申报。日内市场分时段进行交易组织，开展电能和发电权交易。由市场主体在日内进行申报，并按照规则出清形成交易结果。日内交易数据申报功能，主要实现参与市场的发电企业在规定的申报时间段内，申报日内市场交易申报数据的功能	无
BA-BP-BD-SCFW-0304-0001	辅助服务交易申报	G5001	无	包括日前调峰辅助服务交易申报（主要实现发电企业根据日前调峰辅助服务交易规则及交易公告要求，申报其参与日前调峰市场的调峰容量和报价功能）和日内调峰辅助服务交易申报（主要实现发电企业根据日内调峰辅助服务交易规则及交易公告要求，申报其参与日内调峰市场的调峰容量和报价功能）	无
BA-BP-BD-SCFW-0305-0001	中长期交易申报	G5001	无	完成省内中长期交易申报功能，支持带曲线的交易申报：①双边协商交易，根据交易规则交易双方自主申报协商的电量与电价，电量分解可采用市场成员申报的自定义电力曲线，也可以采用交易公告发布的典型曲线；②集中竞	无

业务活动编号	业务活动名称	使用岗位编号	依赖业务活动编号	业务活动内容描述	前置条件
BA-BP-BD-SCFW-0305-0001	中长期交易申报	G5001	无	价交易，根据交易规则交易双方申报电量与电价，交易出清、调度安全校核、交易结果发布将以交易公告发布的典型曲线进行分解，或根据自定义的分时曲线分解；③挂牌交易，根据交易规则每笔交易每时段申报一个价格，由挂牌方提供电力曲线，可自定义电力曲线或采用交易公告发布的典型曲线。 支持省内中长期交易申报功能，各类市场主体根据不同凭证交易规则，进行交易量价申报，参与市场交易，包括：①电力用户直接双边协商交易；②电力用户直接集中竞价交易；③电力用户直接挂牌交易；④发电权双边协商交易；⑤发电权集中竞价交易；⑥发电权挂牌交易；⑦合同转让双边协商交易；⑧合同转让集中竞价交易；⑨合同转让挂牌交易；⑩外送电挂牌交易；⑪抽蓄电能挂牌交易；⑫购售电双边协商交易十二大类交易	无
BA-BP-BD-SCFW-0306-0001	合同信息申报	G5002	无	合同信息申报主要用于发电企业、电力用户、售电公司等市场主体对其签订电子合同量价等信息进行维护管理	无
BA-BP-BD-SCFW-0307-0001	结算信息申报	G5003	无	结算信息申报功能主要实现发电企业、电力用户、售电公司等市场主体在进行月度结算前或结算中，申报结算相关的发电量、用电量、结算方案等信息，并开具结算单或结算结果确认，与电力交易中心一起完成市场化交易月度结算工作	相关数据已采集

续表

业务活动编号	业务活动名称	使用岗位编号	依赖业务活动编号	业务活动内容描述	前置条件
BA-BP-BD-SCFW-0308-0001	信用信息申报	G5004	无	对主体信用评价需要的场外信息及投诉信息进行收集以及收集市场主体对信用结果的异议，也可以发布主体信用信息	信用结果发布

5.4.1.4　信息查询

信息查询业务活动层级图见图 5-32。

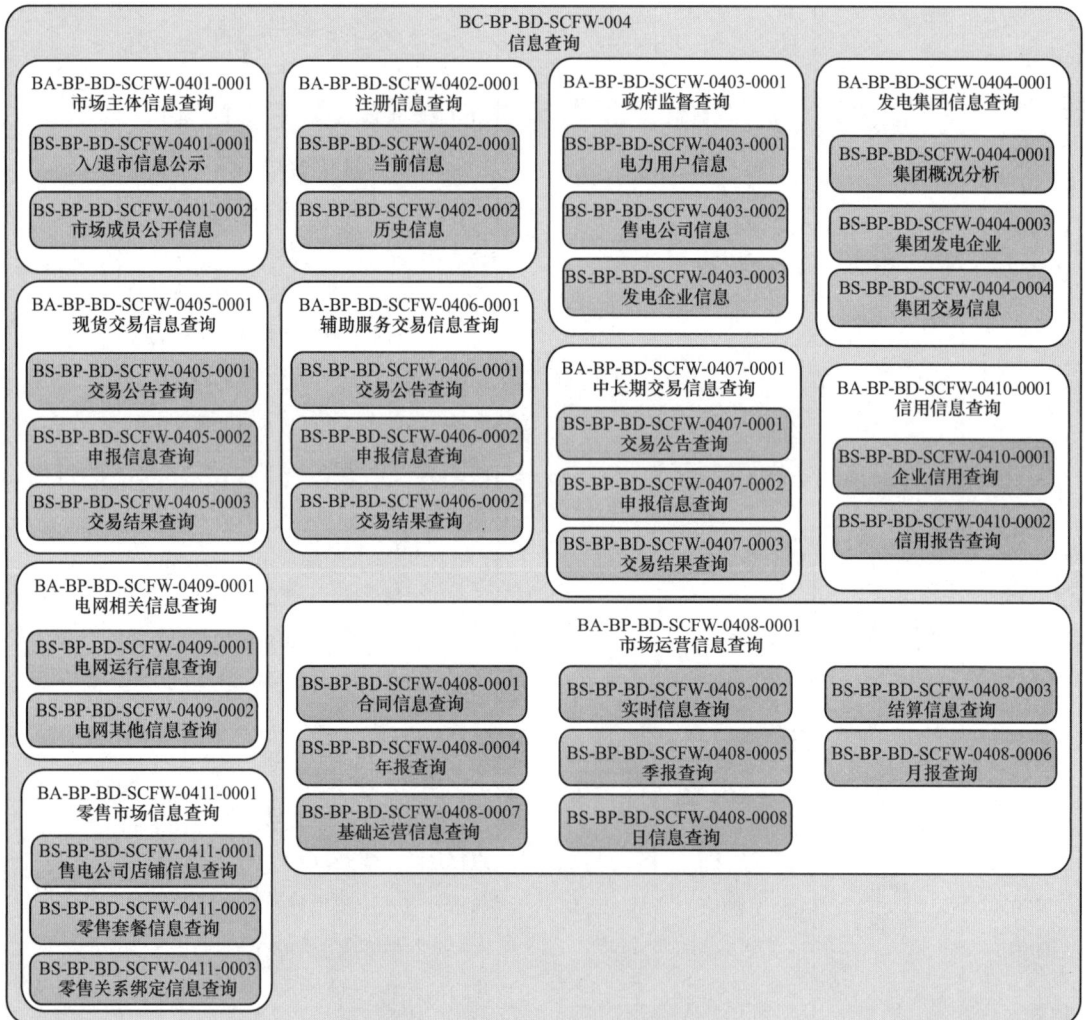

图 5-32　信息查询业务活动层级图

信息查询业务活动清单见表5-133。

表 5-133 信息查询业务活动清单

业务活动编号	业务活动名称	使用岗位编号	依赖业务活动编号	业务活动内容描述	前置条件
BA-BP-BD-SCFW-0401-0001	市场主体信息查询	G2007	BA-BP-BD-SCFW-0101-0001	包括市场注册、信息变更、市场注销等注册信息查询、信用信息查询、市场成员公开信息查询	市场主体注册生效
BA-BP-BD-SCFW-0402-0001	注册信息查询	G2007	BA-BP-BD-SCFW-0301-0001	包括当前信息查询、历史信息查询	市场主体申报
BA-BP-BD-SCFW-0403-0001	政府监督查询	G4001	无	主要是指监管机构/监管人员查询相关市场信息	无
BA-BP-BD-SCFW-0404-0001	发电集团信查询	G6001	无	包含集团概况分析、集团发电信息查询、集团交易信息查询	无
BA-BP-BD-SCFW-0405-0001	现货交易信息查询	G5001	无	现货交易信息查询主要包括：①交易公告查询；②申报信息查询；③交易结果查询	参与现货交易
BA-BP-BD-SCFW-0406-0001	辅助服务交易信息查询	G5001	无	交易主体在参与辅助服务交易后，可查询其交易信息。辅助服务交易信息查询主要包括：①交易公告查询；②申报信息查询；③交易结果查询	参与辅助服务交易
BA-BP-BD-SCFW-0407-0001	中长期交易信息查询	G5001	无	中长期交易信息查询主要包括：①交易公告查询；②申报信息查询；③交易结果查询	参与中长期交易
BA-BP-BD-SCFW-0408-0001	市场运营信息查询	G1006	BA-BP-BD-SCFW-0207	市场成员可查看与其相关的市场运营信息，数据从内网市场出清应用获取。其主要包括：①合同信息查询；②结	无

续表

业务活动编号	业务活动名称	使用岗位编号	依赖业务活动编号	业务活动内容描述	前置条件
BA-BP-BD-SCFW-0408-0001	市场运营信息查询	G1006	BA-BP-BD-SCFW-0207	算信息查询；③年报查询；④季报查询；⑤月报查询；⑥日信息查询；⑦实时信息查询；⑧基础运营信息查询	无
BA-BP-BD-SCFW-0409-0001	电网相关信息查询	G5001	无	电网运行信息查询包括电网运行信息查询、电网其他信息查询	无
BA-BP-BD-SCFW-0410-0001	信用信息查询	G5001	无	已完成注册的市场主体可查询平台市场主体的信用排行，也可按照提供的检索条件查询特定市场主体的信用评级，市场主体可下载本单位的信用报告	无
BA-BP-BD-SCFW-0411-0001	零售市场信息查询	G5001	无	零售市场信息查询包括零售店铺信息查询、零售套餐信息查询、零售关系绑定信息查询	无

5.4.1.5　综合服务

综合服务业务活动层级图见图5-33。

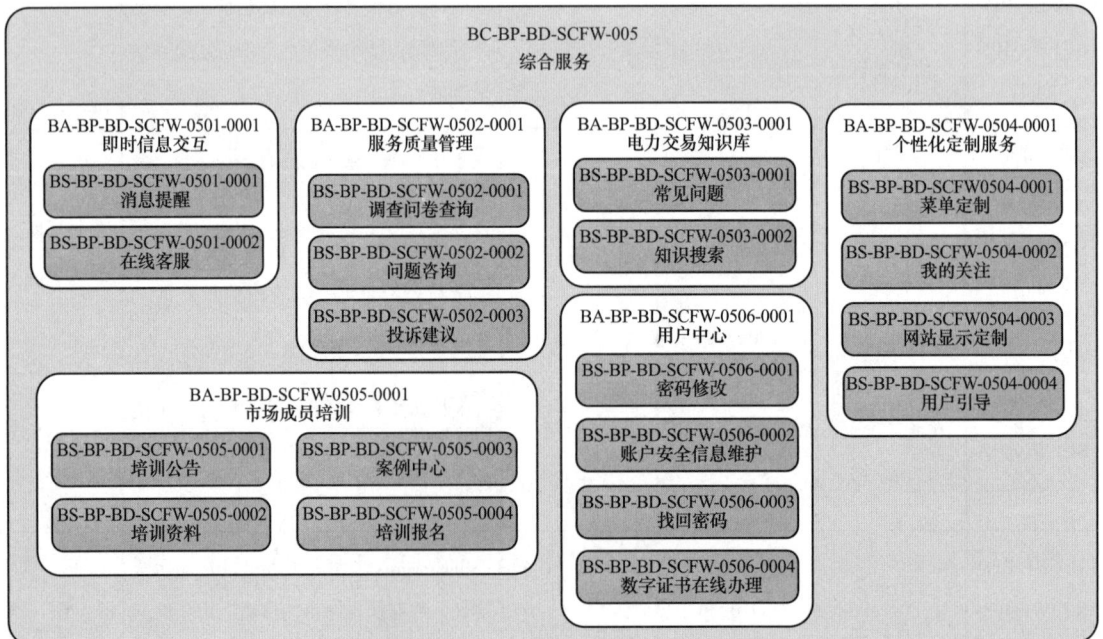

图5-33　综合服务业务活动层级图

综合服务业务活动清单见表 5-134。

表 5-134   综合服务业务活动清单

业务活动编号	业务活动名称	使用岗位编号	依赖业务活动编号	业务活动内容描述	前置条件
BA-BP-BD-SCFW-0501-0001	即时信息交互	G5001、G5002、G5003、G5004、G5005	无	满足用户与平台之间相互交流与互动，实现在线交流及消息提醒，更好地满足各类市场主体业务应用需要及服务体验	业务触发
BA-BP-BD-SCFW-0502-0001	服务质量管理	G5001、G5002、G5003、G5004、G5005	BA-BP-BD-SCFW-0601-0001	通过对各类市场主体征集问题调查问卷，受理问题咨询和投诉建议。持续提高和完善标准化服务水平	业务触发
BA-BP-BD-SCFW-0503-0001	电力交易知识库	G5001、G5002、G5003、G5004、G5005	BA-BP-BD-SCFW-0602-0001	通过对常见问题的收集和整理，实现知识碎片化管理，逐步构建全新的知识服务模式	业务触发
BA-BP-BD-SCFW-0504-0001	个性化定制服务	G5001、G5002、G5003、G5004、G5005	无	电力市场新政策不断出台，市场信息发布更高频、内容更丰富。由于受地区、地理、交易和结算等规则因素的差异原因，各类市场主体及电力市场相关的各类政府及社会机构组织均有自身的访问关注特点和业务开展范围。需进行更加细化的外网网站定制管理，去繁从简，支撑"专属"业务配置，包括网站显示配置、新用户引导配置	业务触发
BA-BP-BD-SCFW-0505-0001	市场成员培训	G5001、G5002、G5003、G5004、G5005	BA-BP-BD-SCFW-0604-0001	提供各类法律法规、政策信息、电力交易服务工作管理办法和流程、电力市场基本知识、国内外电力市场等相关培训内容，可下载资料，用户也可通过案例中心进行相关课程的在线学习、培训。具体服务内容视各省实际情况确定	业务触发

业务活动编号	业务活动名称	使用岗位编号	依赖业务活动编号	业务活动内容描述	前置条件
BA-BP-BD-SCFW-0506-0001	用户中心	G5001、G5002、G5003、G5004、G5005	无	用户中心是实现市场主体成员账户安全策略及配置管理功能。具体服务包括密码修改、账户安全信息维护、找回密码、数字证书在线办理	业务触发

5.4.1.6　市场服务-内网应用

市场服务-内网应用业务活动层级图见图 5-34。

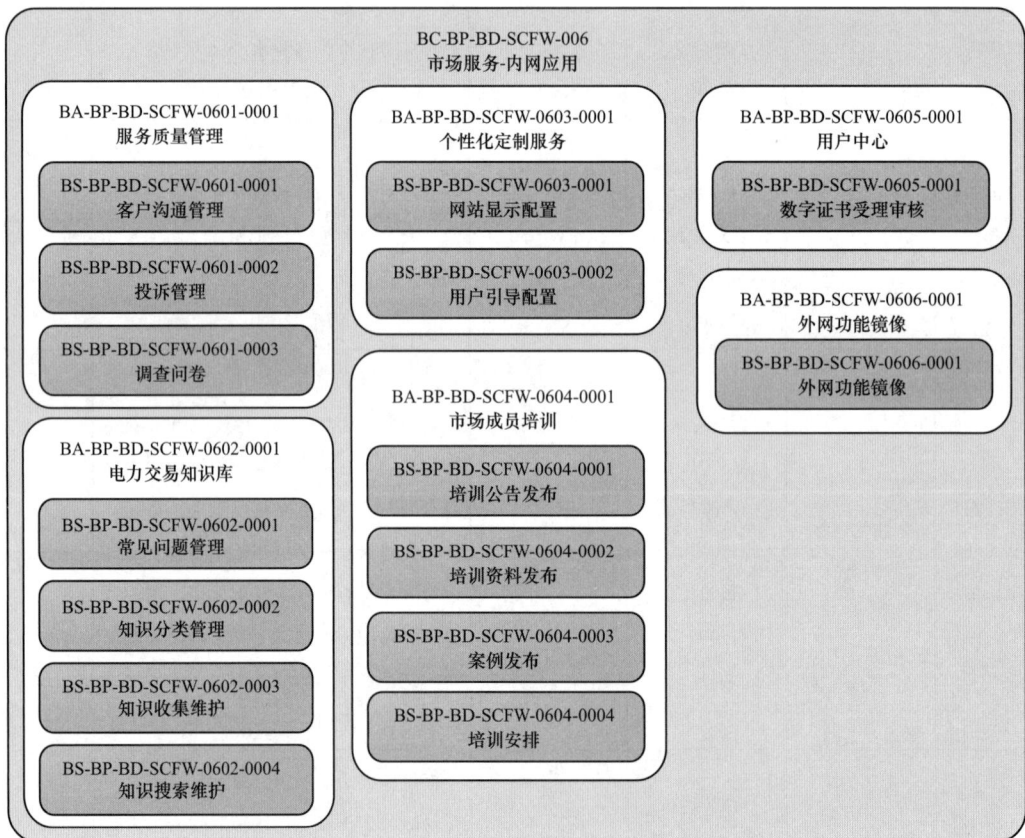

图 5-34　市场服务-内网应用业务活动层级图

市场服务-内网应用业务活动清单见表 5-135。

表 5-135　　　　　　　　市场服务-内网应用业务活动清单

业务活动编号	业务活动名称	使用岗位编号	依赖业务活动编号	业务活动内容描述	前置条件
BA-BP-BD-SCFW-0601-0001	服务质量管理	G2007	BA-BP-BD-SCFW-0502-0001	服务质量管理主要是即时应答客户咨询的电力市场相关政策及疑问，受理客户的投诉业务，设置调查问卷的问题、维护调查问卷库，主要功能包括客户沟通管理、投诉管理、调查问卷	业务触发
BA-BP-BD-SCFW-0602-0001	电力交易知识库	G2007	无	电力交易知识库主要是通过对电力交易知识库的管理，不断丰富知识内容，总结电力交易常见问题，为客户提供丰富的帮助内容，包括常见问题管理、知识分类管理、知识收集维护、知识搜索	业务触发
BA-BP-BD-SCFW-0603-0001	个性化定制服务	G2007	无	个性化定制服务主要是针对各省交易信息、交易规则的差异，进行更加细化的外网网站定制管理，支撑"专属"业务配置，实现对市场主体获得与其需求匹配的服务，包括网站显示配置、新用户引导配置	业务触发
BA-BP-BD-SCFW-0604-0001	市场成员培训	G2007	无	市场主体培训主要实现对电力交易组织培训的业务支撑，提供各类法律法规等政策信息、电力交易服务工作管理办法和流程、电力市场基本知识、国内外电力市场等相关培训内容，接受和获取资料的查看与共享，或通过案例中心进行相关培训课程的在线学习、培训功能，包括培训公告发布、培训资料发布、案例发布、培训安排	业务触发
BA-BP-BD-SCFW-0605-0001	用户中心	G2007	BA-BP-BD-SCFW-0506-0001	用户中心主要是实现市场主体成员数字证书受理审核	业务触发

业务活动编号	业务活动名称	使用岗位编号	依赖业务活动编号	业务活动内容描述	前置条件
BA-BP-BD-SCFW-0606-0001	外网功能镜像	G2007	无	外网功能镜像主要用于在电力系统内网工作环境下，电力交易中心存在外网不方便或限制使用的情况，可及时预览在内网交易平台发布的信息和数据的发布效果，实现在内网浏览外网网站的功能，与外网网站功能、数据完全一致，保障电力交易业务正常运行	业务触发

5.4.2　业务活动分项说明

5.4.2.1　市场主体注册

5.4.2.1.1　注册中心业务步骤清单

注册中心业务步骤清单见表 5-136。

表 5-136　　　　　　　　　　　　注册中心业务步骤清单

业务步骤编号	业务步骤名称	输入业务信息编号	输出业务信息编号	业务步骤内容描述（业务步骤/业务规则）	前置条件
BS-BP-BD-SCFW-0101-0001	市场成员注册受理	BI-BD-SCFW-0102、BI-BD-SCFW-0105、BI-BD-SCFW-0106、BI-BD-SCFW-0107、BI-BD-SCFW-0110、BI-BD-SCFW-0112、BI-BD-SCFW-0145	BI-BD-SCFW-0102、BI-BD-SCFW-0105、BI-BD-SCFW-0106、BI-BD-SCFW-0107、BI-BD-SCFW-0110、BI-BD-SCFW-0112、BI-BD-SCFW-0118、BI-BD-SCFW-0145	进行发电企业、售电公司、电力用户、电网企业、独立储能注册受理、通过、驳回、公示和生效等	注册信息提交
BS-BP-BD-SCFW-0101-0002	市场成员变更受理	BI-BD-SCFW-0101、BI-BD-SCFW-0102、	BI-BD-SCFW-0101、BI-BD-SCFW-0102、	进行发电企业、售电公司、电力用户、独立储能和电网企业变更受理、通过、驳回、公示和生效等功能。其中发	变更信息提交

续表

业务步骤 编号	业务步骤 名称	输入业务 信息编号	输出业务 信息编号	业务步骤内容描述 （业务步骤/业务规则）	前置条件
BS-BP-BD- SCFW-0101- 0002	市场成员 变更受理	BI-BD-SCFW- 0105、BI-BD- SCFW-0106、 BI-BD-SCFW- 0107、BI-BD- SCFW-0145	BI-BD-SCFW- 0105、BI-BD- SCFW-0106、 BI-BD-SCFW- 0107、BI-BD- SCFW-0118、 BI-BD-SCFW- 0145	电企业变更包括发电企业信息变更、机组注册、机组变更、机组转让等。电力用户变更管理包括基本信息变更、用户计量点注册受理、用户计量点信息变更受理、和电力用户类型转换受理	变更信息 提交
BS-BP-BD- SCFW-0101- 0003	市场成员 注销受理	BI-BD-SCFW- 0102、BI-BD- SCFW-0105、 BI-BD-SCFW- 0106、BI-BD- SCFW-0107、 BI-BD-SCFW- 0145	BI-BD-SCFW- 0102、BI-BD- SCFW-0105、 BI-BD-SCFW- 0106、BI-BD- SCFW-0107、 BI-BD-SCFW- 0118、BI-BD- SCFW-0145	进行发电企业、售电公司、电力用户、独立储能和电网企业注销受理、通过、驳回、公示和生效等	注销信息 提交

5.4.2.1.2　市场主体信息管理业务步骤清单

市场主体信息管理业务步骤清单见表 5-137。

表 5-137　　　　　　　市场主体信息管理业务步骤清单

业务步骤 编号	业务步骤 名称	输入业务 信息编号	输出业务 信息编号	业务步骤内容描述 （业务步骤/业务规则）	前置条件
BS-BP-BD- SCFW-0102- 0001	市场成员 管理	BI-BD-SCFW- 0105、BI-BD- SCFW-0107、 BI-BD-SCFW- 0110、BI-BD- SCFW-0145	BI-BD-SCFW- 0105、BI-BD- SCFW-0107、 BI-BD-SCFW- 0110、BI-BD- SCFW-0145	查询发电企业（含直购发电企业和非直购发电企业）、售电公司、电力用户、电网企业、独立储能等市场主体信息，同时支持查看市场主体注册信息详情以及对应附件的下载	市场成员 注册生效

业务步骤 编号	业务步骤 名称	输入业务 信息编号	输出业务 信息编号	业务步骤内容描述 （业务步骤/业务规则）	前置条件
BS-BP-BD- SCFW-0102- 0002	机组管理	BI-BD-SCFW- 0108	BI-BD-SCFW- 0108	查询直购发电企业和非直购发电企业的机组信息，可通过多条件对机组信息进行查询；详细信息预览；附件相关信息的下载	机组注册 生效
BS-BP-BD- SCFW-0102- 0003	用户计量点 管理	BI-BD-SCFW- 0101	BI-BD-SCFW- 0101	查询用户计量点，可通过多条件对用户计量点信息进行查询；详细信息预览；附件相关信息的下载	用户计量 点注册 生效
BS-BP-BD- SCFW-0102- 0004	非直购电厂 管理	BI-BD-SCFW- 0105	BI-BD-SCFW- 0105	查询非直购电厂信息，可通过多条件对非直购电厂信息进行查询；详细信息预览；相关附件信息的下载	非直购 电厂注册 生效
BS-BP-BD- SCFW-0102- 0005	非直购机组 管理	BI-BD-SCFW- 0108	BI-BD-SCFW- 0108	查询非直购电厂的物理机组信息，可通过多条件对非直购机组信息进行查询；详细信息预览；相关附件的下载	非直购机 组注册 生效

5.4.2.1.3　电网模型管理业务步骤清单

电网模型管理业务步骤清单见表 5-138。

表 5-138 　　　　　　　　　　电网模型管理业务步骤清单

业务步骤 编号	业务步骤 名称	输入业务 信息编号	输出业务 信息编号	业务步骤内容描述 （业务步骤/业务规则）	前置条件
BS-BP-BD- SCFW-0103- 0001	断面管理	BI-BD-SCFW- 0127	BI-BD-SCFW- 0127	主要维护断面的基本信息，对断面信息的新增、修改、删除操作	业务触发
BS-BP-BD- SCFW-0103- 0002	联络线管理	BI-BD-SCFW- 0128	BI-BD-SCFW- 0128	主要维护联络线的基本信息，对联络线信息进行新增、修改、删除操作	业务触发
BS-BP-BD- SCFW-0103- 0003	线路管理	BI-BD-SCFW- 0129	BI-BD-SCFW- 0129	主要维护线路的基本信息，对线路信息进行新增、修改、删除操作	业务触发

业务步骤 编号	业务步骤 名称	输入业务 信息编号	输出业务 信息编号	业务步骤内容描述 （业务步骤/业务规则）	前置条件
BS-BP-BD- SCFW-0103- 0004	关口管理	BI-BD-SCFW- 0130	BI-BD-SCFW- 0130	主要维护关口的基本信息，对关口信息进行新增、修改、删除操作	业务触发
BS-BP-BD- SCFW-0103- 0005	区域管理	BI-BD-SCFW- 0131	BI-BD-SCFW- 0131	主要维护电网模型所属交易组织管辖区域的基本信息，对区域信息进行新增、修改、删除操作	业务触发

5.4.2.1.4 模版及参数配置业务步骤清单

模版及参数配置业务步骤清单见表5-139。

表 5-139 模版及参数配置业务步骤清单

业务步骤 编号	业务步骤 名称	输入业务 信息编号	输出业务 信息编号	业务步骤内容描述 （业务步骤/业务规则）	前置条件
BS-BP-BD- SCFW-0104- 0001	市场成员 模版配置	BI-BD-SCFW- 0104	BI-BD-SCFW- 0104	为满足不同业务场景下市场成员展示属性的不同要求，实现市场成员模版的灵活配置	业务触发
BS-BP-BD- SCFW-0104- 0002	机组模版 配置	BI-BD-SCFW- 0108、BI-BD- SCFW-0104	BI-BD-SCFW- 0108、BI-BD- SCFW-0104	机组类型众多，不同类型机组所包含属性差异也较大，为支持各类型机组属性展示的灵活配置，同时适应不同业务场景下机组属性的差异要求，提供各类型机组的模版配置维护	业务触发
BS-BP-BD- SCFW-0104- 0003	用户计量点 模版配置	BI-BD-SCFW- 0101、BI-BD- SCFW-0104	BI-BD-SCFW- 0101、BI-BD- SCFW-0104	对不同类型用户计量点注册、编辑、详细信息展示界面的模版配置维护	业务触发
BS-BP-BD- SCFW-0104- 0004	参数配置	BI-BD-SCFW- 0138	BI-BD-SCFW- 0138	对市场成员注册、管理等业务相关的参数进行配置，如售电公司公示期限等	业务触发

5.4.2.1.5 市场主体档案管理业务步骤清单

市场主体档案管理业务步骤清单见表5-140。

表 5-140　　　　　　　　　　　市场主体档案管理业务步骤清单

业务步骤编号	业务步骤名称	输入业务信息编号	输出业务信息编号	业务步骤内容描述（业务步骤/业务规则）	前置条件
BS-BP-BD-SCFW-0105-0001	全生命周期日志记录	BI-BD-SCFW-0139	BI-BD-SCFW-0139	对市场成员使用平台的关键业务操作日志进行查询，可精确查询某个市场主体的系统操作日志记录，通过市场服务、市场出清、市场结算、市场合规、信息披露等业务类别和时间区间进行过滤	业务触发
BS-BP-BD-SCFW-0105-0002	档案管理	BI-BD-SCFW-0139	BI-BD-SCFW-0139	市场成员各类档案信息及文件的管理，包括市场注册类、资质管理类、交易出清类、结算经营类、合规管理类、信息发布类六大类档案，可通过时间轴、工单、报表等形式进行档案展示，可手动上传市场成员档案文件	业务触发

5.4.2.1.6 市场资质管理业务步骤清单

市场资质管理业务步骤清单见表5-141。

表 5-141　　　　　　　　　　　市场资质管理业务步骤清单

业务步骤编号	业务步骤名称	输入业务信息编号	输出业务信息编号	业务步骤内容描述（业务步骤/业务规则）	前置条件
BS-BP-BD-SCFW-0106-0001	备案报告管理	BI-BD-SCFW-0107	BI-BD-SCFW-0142	支持业务人员根据售电公司信息按照备案报告模版生成备案报告	业务触发
BS-BP-BD-SCFW-0106-0002	暂停、恢复交易资格管理	BI-BD-SCFW-0141	BI-BD-SCFW-0141	电力交易中心可通过暂停、恢复交易资格管理功能对售电公司和电力用户进行暂停交易资格和恢复交易资格设置	业务触发

续表

业务步骤编号	业务步骤名称	输入业务信息编号	输出业务信息编号	业务步骤内容描述（业务步骤/业务规则）	前置条件
BS-BP-BD-SCFW-0106-0003	交易规模管理	BI-BD-SCFW-0141	BI-BD-SCFW-0141	对售电公司当年所参与的交易规模进行查询，并计算出当年剩余的可交易规模、已交易规模占比，并对临界和超限的售电公司进行标注	业务触发
BS-BP-BD-SCFW-0106-0004	履约保障凭证管理	BI-BD-SCFW-0123	BI-BD-SCFW-0123	用于对开具机构是银行或保险机构的履约保障凭证信息、保障凭证担保额度执行情况进行管理，便于电力交易中心及时调整售电公司交易规模	业务触发

5.4.2.1.7 综合统计展示业务步骤清单

综合统计展示业务步骤清单见表 5-142。

表 5-142 综合统计展示业务步骤清单

业务步骤编号	业务步骤名称	输入业务信息编号	输出业务信息编号	业务步骤内容描述（业务步骤/业务规则）	前置条件
BS-BP-BD-SCFW-0107-0001	业务受理统计	BI-BD-SCFW-0133	BI-BD-SCFW-0133	实现对业务受理情况的统计功能。按业务类型统计，包括注册、变更、注销。按时间维度类型统计，主要是指某一时间段内省级电力交易中心受理的发电企业、电力用户、电网企业和售电公司注册数	业务触发
BS-BP-BD-SCFW-0107-0002	市场信息综合统计展示	BI-BD-SCFW-0105、BI-BD-SCFW-0106、BI-BD-SCFW-0107	BI-BD-SCFW-0105、BI-BD-SCFW-0106、BI-BD-SCFW-0107	（1）主要统计并展示本省各类市场成员当前注册数；（2）可按发电类型、发电集团维度统计各省发电企业装机容量；（3）可按电压等级维度统计各省电力用户注册数、同比；（4）可按资产总额、出资背景维度统计各省售电公司注册数	业务触发

续表

业务步骤 编号	业务步骤 名称	输入业务 信息编号	输出业务 信息编号	业务步骤内容描述 （业务步骤/业务规则）	前置条件
BS-BP-BD- SCFW-0107- 0003	公示情况 汇总统计	BI-BD-SCFW- 0106、BI-BD- SCFW-0107	BI-BD-SCFW- 0106、BI-BD- SCFW-0107	主要对市场主体公示情况进行汇总统 计，可通过公示类型、公示时间统计总 公示个数	业务触发

5.4.2.2　零售市场管理

5.4.2.2.1　售电公司店铺管理业务步骤清单

售电公司店铺管理业务步骤清单见表 5-143。

表 5-143　　　　　　　　　售电公司店铺管理业务步骤清单

业务步骤 编号	业务步骤 名称	输入业务 信息编号	输出业务 信息编号	业务步骤内容描述 （业务步骤/业务规则）	前置条件
BS-BP-BD- SCFW-0201- 0001	店铺信息 维护	BI-BD-SCFW- 0158	BI-BD-SCFW- 0158	店铺信息维护功能主要用于售电公司 对店铺展示的信息，包括企业信息、企 业简介、主营业务、企业 logo、客服热 线、邮箱及关于描述信息的编辑和维 护。售电公司对以上信息进行编辑，确 认提交后交由电力交易中心进行审核， 电力交易中心对信息审核通过后，相关 信息将展示在省电力交易平台"零售市 场"售电公司列表及详情页，提供电力 用户对相关信息进行查询浏览	无

5.4.2.2.2　零售关系绑定业务步骤清单

零售关系绑定业务步骤清单见表 5-144。

表 5-144　　　　　　　　　　零售关系绑定业务步骤清单

业务步骤 编号	业务步骤 名称	输入业务 信息编号	输出业务 信息编号	业务步骤内容描述 （业务步骤/业务规则）	前置条件
BS-BP-BD- SCFW-0202- 0001	售电公司 绑定零售 用户	BI-BD-SCFW- 0109	BI-BD-SCFW- 0109	实现售电公司发起绑定申请，零售用 户确认，电力交易中心对绑定关系进行 审批等功能，可以受理、驳回、生效	无

续表

业务步骤编号	业务步骤名称	输入业务信息编号	输出业务信息编号	业务步骤内容描述（业务步骤/业务规则）	前置条件
BS-BP-BD-SCFW-0202-0001	零售用户绑定售电公司	BI-BD-SCFW-0109	BI-BD-SCFW-0109	实现零售用户发起绑定申请，售电公司确认，电力交易中心对绑定关系进行审批等功能，可以受理、驳回、生效	无

5.4.2.2.3 零售关系解绑业务步骤清单

零售关系解绑业务步骤清单见表5-145。

表5-145　　　　　　　　　　零售关系解绑业务步骤清单

业务步骤编号	业务步骤名称	输入业务信息编号	输出业务信息编号	业务步骤内容描述（业务步骤/业务规则）	前置条件
BS-BP-BD-SCFW-0203-0001	零售关系解绑	BI-BD-SCFW-0119	BI-BD-SCFW-0118	实现售电公司或零售用户提交解绑申请，另一方进行确认，电力交易中心市场服务岗位审批功能，可以受理、驳回、生效	零售关系绑定

5.4.2.3 数据申报

5.4.2.3.1 注册信息申报业务步骤清单

注册信息申报业务步骤清单见表5-146。

表5-146　　　　　　　　　　注册信息申报业务步骤清单

业务步骤编号	业务步骤名称	输入业务信息编号	输出业务信息编号	业务步骤内容描述（业务步骤/业务规则）	前置条件
BS-BP-BD-SCFW-0301-0001	市场主体注册	BI-BD-SCFW-0105、BI-BD-SCFW-0106、BI-BD-SCFW-0107、BI-BD-SCFW-0102、BI-BD-SCFW-0112、BI-BD-SCFW-0145	BI-BD-SCFW-0105、BI-BD-SCFW-0106、BI-BD-SCFW-0107、BI-BD-SCFW-0102、BI-BD-SCFW-0112、BI-BD-SCFW-0145	包括发电企业注册、电力用户注册、售电公司注册、独立储能注册；用户输入注册相关信息后提交	无

续表

业务步骤编号	业务步骤名称	输入业务信息编号	输出业务信息编号	业务步骤内容描述（业务步骤/业务规则）	前置条件
BS-BP-BD-SCFW-0301-0002	发电企业基本信息变更	BI-BD-SCFW-0105	BI-BD-SCFW-0105	发电企业的企业工商注册信息、企业基本信息发生实际变更，需要由发电企业向电力交易中心提出信息变更申请，并上传证明材料后提交	发电企业注册生效
BS-BP-BD-SCFW-0301-0003	电力用户基本信息变更	BI-BD-SCFW-0106	BI-BD-SCFW-0106	电力用户的企业工商注册信息、企业基本信息发生实际变更，需要由电力用户向注册省的电力交易中心提出信息变更申请，并上传证明材料后提交申请	电力用户企业信息注册生效
BS-BP-BD-SCFW-0301-0004	售电公司信息变更	BI-BD-SCFW-0107	BI-BD-SCFW-0107	用于售电公司企业信息变更，售电公司信息外网登录注册省的电力交易平台，更改其企业信息并上传证明材料，发起变更申请	售电公司企业注册生效
BS-BP-BD-SCFW-0301-0005	发电企业注销	BI-BD-SCFW-0105	BI-BD-SCFW-0105	用于发电企业注销申请，发电企业因自身原因需要退出市场时，可以自愿到电力交易平台提交市场注销申请	发电企业注册生效
BS-BP-BD-SCFW-0301-0006	电力用户注销	BI-BD-SCFW-0106	BI-BD-SCFW-0106	用于电力用户注销申请，电力用户因自身原因需要退出市场时，电力用户填写注销信息后提交市场注销申请	电力用户企业注册生效
BS-BP-BD-SCFW-0301-0007	售电公司注销	BI-BD-SCFW-0107	BI-BD-SCFW-0107	售电公司因自身原因需要退出市场或者较少业务范围时，填写注销信息后提交市场注销申请	售电公司企业注册生效
BS-BP-BD-SCFW-0301-0008	机组信息变更	BI-BD-SCFW-0108	BI-BD-SCFW-0108	机组信息变更包括机组注册、机组变更、机组转让、机组注销。发电企业输入机组变更相关信息后提交	发电企业注册生效

续表

业务步骤编号	业务步骤名称	输入业务信息编号	输出业务信息编号	业务步骤内容描述（业务步骤/业务规则）	前置条件
BS-BP-BD-SCFW-0301-0009	计量点信息变更	BI-BD-SCFW-0101	BI-BD-SCFW-0101	计量点信息变更包括用户计量点信息变更、用户计量点转让。 电力用户企业输入计量点变更相关信息后提交	电力用户企业注册生效
BS-BP-BD-SCFW-0301-0010	联系人信息维护	BI-BD-SCFW-0105、BI-BD-SCFW-0106、BI-BD-SCFW-0107、BI-BD-SCFW-0102	BI-BD-SCFW-0105、BI-BD-SCFW-0106、BI-BD-SCFW-0107、BI-BD-SCFW-0102	市场主体输入联系人信息后提交	市场主体注册生效
BS-BP-BD-SCFW-0301-0011	发电企业类型变更	BI-BD-SCFW-0105	BI-BD-SCFW-0105	发电企业输入发电企业类型相关信息后提交	发电企业注册生效
BS-BP-BD-SCFW-0301-0012	电力用户类型变更	BI-BD-SCFW-0106	BI-BD-SCFW-0106	电力用户输入电力用户类型相关信息后提交	电力用户企业注册生效
BS-BP-BD-SCFW-0301-0013	暂停、恢复交易资格申报	BI-BD-SCFW-0141	BI-BD-SCFW-0141	当市场主体内部发生重大事项、注册信息发生重大变更或信用评价不合格，不宜参加市场交易时，允许市场主体进行暂停交易资格操作。已经暂停交易资格的市场主体，当达到恢复交易资格条件后可申请恢复交易资格，暂停和恢复交易资格操作和复牌操作每个市场主体只允许同时存在一种	售电公司和电力用户企业注册生效

业务步骤编号	业务步骤名称	输入业务信息编号	输出业务信息编号	业务步骤内容描述（业务步骤/业务规则）	前置条件
BS-BP-BD-SCFW-0301-0014	履约保障凭证报送	BI-BD-SCFW-0123	BI-BD-SCFW-0123	售电公司在参与市场交易前，到银行或保险机构办理履约保障凭证并提交电力交易中心，电力交易中心可以根据履约保障凭证金额确定售电公司可交易规模，保障市场安全。 售电公司获取履约保障凭证后，可以通过交易平台上传履约保障凭证扫描件，填写相关信息，并报送电力交易中心	售电公司注册生效
BS-BP-BD-SCFW-0301-0015	独立储能信息变更	BI-BD-SCFW-0145	BI-BD-SCFW-0145	独立储能的企业注册信息发生实际变更，需要由独立储能向注册省的电力交易中心提出信息变更申请，并上传证明材料后提交申请	独立储能注册生效
BS-BP-BD-SCFW-0301-0016	独立储能注销	BI-BD-SCFW-0145	BI-BD-SCFW-0145	用于独立储能注销申请，独立储能因自身原因需要退出市场时，可以自愿到电力交易平台提交市场注销申请	独立储能注册生效

5.4.2.3.2　自主信息发布业务步骤清单

自主信息发布业务步骤清单见表5-147。

表 5-147　　　　　　　　　　自主信息发布业务步骤清单

业务步骤编号	业务步骤名称	输入业务信息编号	输出业务信息编号	业务步骤内容描述（业务步骤/业务规则）	前置条件
BS-BP-BD-SCFW-0302-0001	自主信息发布	BI-BD-SCFW-0132	BI-BD-SCFW-0132	市场主体提交公开、公众相关信息后提交发布申请	市场主体注册生效

5.4.2.3.3　现货交易申报业务步骤清单

现货交易申报业务步骤清单见表5-148。

表 5-148　　　　　　　　　　　现货交易申报业务步骤清单

业务步骤 编号	业务步骤 名称	输入业务 信息编号	输出业务 信息编号	业务步骤内容描述 （业务步骤/业务规则）	前置条件
BS-BP-BD- SCFW-0303- 0001	日前交易 申报	BI-BD-SCCQ- 0119	BI-BD-SCCQ- 0120	市场主体申报数据具体内容根据实际 交易规则确定。日前交易申报功能，主 要实现向参与日前市场的市场主体提供 在规定的开放时间内申报参与日前市场 的报价数据功能	日前交易 开市
BS-BP-BD- SCFW-0303- 0002	日内交易 申报	BI-BD-SCCQ- 0119	BI-BD-SCCQ- 0120	省内市场日内现货交易，可根据实际 情况有选择的组织，一般按照固定的时 间窗口滚动组织，例如每 15min 滚动出 清未来 2～4h 的日内市场。日内交易申 报功能，主要实现向参与日内市场的市 场主体提供在规定的开放时间内申报参 与日内市场的报价数据功能	日内交易 开市
BS-BP-BD- SCFW-0303- 0003	实时交易 申报	BI-BD-SCCQ- 0119	BI-BD-SCCQ- 0120	省内实时现货交易一般为每 5min 组 织未来 5～10min 的实时交易，主要用 于解决实时平衡偏差调整问题。实时市 场采用发电侧单边报价，发电企业可在 日前市场出清后申报实时市场报价	实时市场 交易开市

5.4.2.3.4　辅助服务交易申报业务步骤清单

辅助服务交易申报业务步骤清单见表 5-149。

表 5-149　　　　　　　　　　辅助服务交易申报业务步骤清单

业务步骤 编号	业务步骤 名称	输入业务 信息编号	输出业务 信息编号	业务步骤内容描述 （业务步骤/业务规则）	前置条件
BS-BP-BD- SCFW-0304- 0001	日前可中断 负荷服务 交易申报	BI-BD-SCCQ- 0119	BI-BD-SCCQ- 0120	主要实现电力用户根据日前可中断负 荷服务交易规则及交易公告要求，申报 其参与日前可中断负荷服务市场的可中 断负荷电量及报价功能。 交易申报数据经数据校验后，可通过 交易平台与调度现货技术支持系统集成	日前可中 断负荷辅 助服务市 场开市

业务步骤编号	业务步骤名称	输入业务信息编号	输出业务信息编号	业务步骤内容描述（业务步骤/业务规则）	前置条件
BS-BP-BD-SCFW-0304-0001	日前可中断负荷服务交易申报	BI-BD-SCCQ-0119	BI-BD-SCCQ-0120	接口，将实时传递给省调度现货技术支持系统，进行市场出清计算，若校验不通过的数据将退回要求重新申报	日前可中断负荷辅助服务市场开市
BS-BP-BD-SCFW-0304-0002	日内可中断负荷服务交易申报	BI-BD-SCCQ-0119	BI-BD-SCCQ-0120	主要实现电力用户根据日内可中断负荷服务交易规则及交易公告要求，申报其参与日内可中断负荷服务市场的可中断负荷电量及报价的功能	日内可中断负荷辅助服务市场开市
BS-BP-BD-SCFW-0304-0003	日前无功服务交易申报	BI-BD-SCCQ-0119	BI-BD-SCCQ-0120	主要实现发电企业根据日前无功服务交易规则及交易公告要求，申报其参与日前无功服务市场的无功功率及报价功能	日前无功辅助服务市场开市
BS-BP-BD-SCFW-0304-0004	日内无功服务交易申报	BI-BD-SCCQ-0119	BI-BD-SCCQ-0120	主要实现发电企业根据日内无功服务交易规则及交易公告要求，申报其参与日内无功服务市场的无功功率及报价功能	日内无功辅助服务市场开市
BS-BP-BD-SCFW-0304-0005	日前黑启动服务交易申报	BI-BD-SCCQ-0119	BI-BD-SCCQ-0120	主要实现发电企业根据日前黑启动服务交易规则及交易公告要求，申报其参与日前黑启动服务市场的报价功能	日前黑启动辅助服务市场开市
BS-BP-BD-SCFW-0304-0006	日内黑启动服务交易申报	BI-BD-SCCQ-0119	BI-BD-SCCQ-0120	主要实现发电企业根据日内黑启动服务交易规则及交易公告要求，申报其参与日内黑启动服务市场的报价功能	日内黑启动辅助服务市场开市
BS-BP-BD-SCFW-0304-0007	日前备用服务交易申报	BI-BD-SCCQ-0119	BI-BD-SCCQ-0120	主要实现发电企业根据日前备用服务交易规则及交易公告要求，申报其参与日前备用服务市场的备用容量及报价功能	日前备用辅助服务市场开市

业务步骤 编号	业务步骤 名称	输入业务 信息编号	输出业务 信息编号	业务步骤内容描述 （业务步骤/业务规则）	前置条件
BS-BP-BD- SCFW-0304- 0008	日内备用 服务交易 申报	BI-BD-SCCQ- 0119	BI-BD-SCCQ- 0120	主要实现发电企业根据日内备用服务 交易规则及交易公告要求，申报其参与 日前内用服务市场的备用容量及报价 功能	日内备用 辅助服务 市场开市
BS-BP-BD- SCFW-0304- 0009	实时调频 辅助服务 交易申报	BI-BD-SCCQ- 0119	BI-BD-SCCQ- 0120	主要实现发电企业根据实时调频服务 交易规则及交易公告要求，申报其参与 实时调频服务市场的报价功能	实时调频 辅助服务 市场开市

5.4.2.3.5　中长期交易申报业务步骤清单

中长期交易申报业务步骤清单见表 5-150。

表 5-150　　　　　　　中长期交易申报业务步骤清单

业务步骤 编号	业务步骤 名称	输入业务 信息编号	输出业务 信息编号	业务步骤内容描述 （业务步骤/业务规则）	前置条件
BS-BP-BD- SCFW-0305- 0001	年度交易	BI-BD-SCCQ- 0135	BI-BD-SCCQ- 0144	各类市场主体按照交易规则完成年度 中长期交易申报：①双边协商交易，根据交易规则交易双方自主协商交易电量、电价；②集中竞价交易，根据交易规则交易双方申报电量与电价；③挂牌交易，根据交易规则每笔交易在固定时间段设置价格	年度交易 开市
BS-BP-BD- SCFW-0305- 0002	月度交易	BI-BD-SCCQ- 0135	BI-BD-SCCQ- 0144	各类市场主体按照交易规则完成月度 中长期交易申报，支持带曲线的交易申报：①双边协商交易，根据交易规则交易双方自主协商交易电量、电价；②集中竞价交易，根据交易规则交易双方申报电量与电价；③挂牌交易，根据交易规则每笔交易在固定时间段设置价格	月度交易 开市

续表

业务步骤编号	业务步骤名称	输入业务信息编号	输出业务信息编号	业务步骤内容描述（业务步骤/业务规则）	前置条件
BS-BP-BD-SCFW-0305-0003	月内调整	BI-BD-SCCQ-0135	BI-BD-SCCQ-0144	各类市场主体按照交易规则完成月内短期交易申报：①双边协商交易，根据交易规则交易双方自主协商交易电量、电价；②集中竞价交易，根据交易规则交易双方申报电量与电价；③挂牌交易，根据交易规则每笔交易在固定时间段设置价格	月内调整交易开市

5.4.2.3.6　合同信息申报业务步骤清单

合同信息申报业务步骤清单见表5-151。

表 5-151　　　　　　　　　　　合同信息申报业务步骤清单

业务步骤编号	业务步骤名称	输入业务信息编号	输出业务信息编号	业务步骤内容描述（业务步骤/业务规则）	前置条件
BS-BP-BD-SCFW-0306-0001	直接交易合同调整报送	BI-BD-SCCQ-0203	BI-BD-SCCQ-0205	用于电力用户或售电公司在线申请调整年度直接交易合同的分月电量和电价，提交后需要由发电企业进行审核确认，无异议则生效，当月按此电量、电价进行市场化结算计算	无
BS-BP-BD-SCFW-0306-0002	直接交易合同调整确认	BI-BD-SCCQ-0203	BI-BD-SCCQ-0205	用于发电企业对电力用户或售电公司提交的年度合同分月电量、电价调整申请进行确认	提交合同调整计划
BS-BP-BD-SCFW-0306-0003	合同信息变更申请	BI-BD-SCCQ-0203	BI-BD-SCCQ-0210	发电企业、电力用户、售电公司等市场主体，由于主客观原因，不能正常按合同履约时，并与合同相关方协商同意后，可以对已达成合同信息进行变更申请	无
BS-BP-BD-SCFW-0306-0004	合同信息变更确认	BI-BD-SCCQ-0203	BI-BD-SCCQ-0210	用于发电企业、电力用户、售电公司等市场主体提交的合同信息变更申请进行确认。经确认后的合同变更申请需报	提交合同信息变更申请

业务步骤编号	业务步骤名称	输入业务信息编号	输出业务信息编号	业务步骤内容描述（业务步骤/业务规则）	前置条件
BS-BP-BD-SCFW-0306-0004	合同信息变更确认	BI-BD-SCCQ-0203	BI-BD-SCCQ-0210	送电力交易中心审核，从电网安全、市场合规等角度审核均无问题后，变更生效，后续结算业务按照变更后合同继续执行	提交合同信息变更申请
BS-BP-BD-SCFW-0306-0005	零售套餐申报	BI-BD-SCCQ-0156	BI-BD-SCCQ-0157	售电公司用户可预览零售合同文本，勾选承诺。确定套餐提交后发送电力交易中心进行审核	零售套餐建立

5.4.2.3.7 结算信息申报业务步骤清单

结算信息申报业务步骤清单见表 5-152。

表 5-152　　　　　　　　　结算信息申报业务步骤清单

业务步骤编号	业务步骤名称	输入业务信息编号	输出业务信息编号	业务步骤内容描述（业务步骤/业务规则）	前置条件
BS-BP-BD-SCFW-0307-0001	发电企业实际上网电量报送	BI-BD-SCJS-0011	BI-BD-SCJS-0011	用于发电企业根据其实际发电情况，报送月度实际上网电量，支持结算单元或机组粒度的上网电量上报	用户通过认证并成功登录系统
BS-BP-BD-SCFW-0307-0002	发电企业实际发电量报送	BI-BD-SCJS-0013	BI-BD-SCJS-0013	用于发电企业根据其实际发电情况，报送月度实际发电量，支持结算单元或机组粒度的发电量上报	用户通过认证并成功登录系统
BS-BP-BD-SCFW-0307-0003	特殊成分报送	BI-BD-SCJS-0013	BI-BD-SCJS-0013	用于发电企业在月度结算时，向电力交易中心报送其特殊成分信息，包括成分名称、结算电量等信息	用户通过认证并成功登录系统
BS-BP-BD-SCFW-0307-0004	表计底码报送	BI-BD-SCJS-0011	BI-BD-SCJS-0011	用于发电企业在月度结算时，向电力交易中心报送其表计底码信息，并支持根据上月表计底码信息自动计算月度电量	用户通过认证并成功登录系统

业务步骤编号	业务步骤名称	输入业务信息编号	输出业务信息编号	业务步骤内容描述（业务步骤/业务规则）	前置条件
BS-BP-BD-SCFW-0307-0005	零售结算方案管理	BI-BD-SCJS-0067	BI-BD-SCJS-0067	零售结算方案指售电公司与零售用户签订的代理协议或合同中约定的电价及偏差考核方案。零售结算方案管理主要用于售电公司根据企业实际情况，设置其零售结算方案。结算方案包括结算电价约定及偏差考核约定两部分内容	用户通过认证并成功登录系统
BS-BP-BD-SCFW-0307-0007	零售用户结算申报	—	—	若售电公司的实际结算方案与系统目前提供的结算方案不一致时，会导致交易平台无法自动计算零售用户月度市场化电费。这种情况下，允许售电公司根据零售用户实际用电量，线下进行月度结算，并向电力交易中心报送结算结果，以便电力交易中心进行后续售电公司收益结算。结算结果信息包括分结算单元的市场化电量、电价、溢出电量、偏差考核电量电价或者偏差考核电费等信息	用户通过认证并成功登录系统
BS-BP-BD-SCFW-0307-0008	结算结果发布	BI-BD-SCJS-0018	BI-BD-SCJS-0018	当电力交易中心完成零售用户月度结算或者售电公司报送零售结算结果后，售电公司可以在规定时间内登录交易平台，查看月度结算结果并发布给零售用户进行内容确认	用户通过认证并成功登录系统
BS-BP-BD-SCFW-0307-0009	结算结果确认	BI-BD-SCJS-0018	BI-BD-SCJS-0018	当电力交易中心完成市场主体月度结算后，会形成月度结算单，并发布到信息外网。市场主体可以在规定时间内登录交易平台，查看并进行月度结算单内容确认。若无异议，则直接确认并报送电力交易中心形成正式结算单，作为后续财务收支电费依据；若有异议，可以直接填写争议原因，电力交易中心将根	用户通过认证并成功登录系统

业务步骤编号	业务步骤名称	输入业务信息编号	输出业务信息编号	业务步骤内容描述（业务步骤/业务规则）	前置条件
BS-BP-BD-SCFW-0307-0009	结算结果确认	BI-BD-SCJS-0018	BI-BD-SCJS-0018	据争议内容进行再次核实计算，直到结果无误，市场主体确认后形成正式结算单。 若在规定时间内，市场主体不登录平台进行确认，则系统默认为已确认	用户通过认证并成功登录系统

5.4.2.3.8　信用信息申报业务步骤清单

信用信息申报业务活动清单见表 5-153。

表 5-153　　　　　　　　　　　信用信息申报业务活动清单

业务步骤编号	业务步骤名称	输入业务信息编号	输出业务信息编号	业务步骤内容描述（业务步骤/业务规则）	前置条件
BS-BP-BD-SCFW-0308-0001	场外信息申报	无	BI-BD-SCHG-0407	市场主体通过平台录入场外信息，包括财务信息、信用信息	无
BS-BP-BD-SCFW-0308-0002	投诉建议	无	BI-BD-SCHG-0407	市场主体可在平台进行对相关主体的投诉或建议操作	无
BS-BP-BD-SCFW-0308-0003	异议申诉	无	BI-BD-SCHG-0410	信用结果发布后，若市场主体对结果存在异议，可以申请复议	信用结果发布

5.4.2.4　信息查询

5.4.2.4.1　市场主体信息查询业务步骤清单

市场主体信息查询业务步骤清单见表 5-154。

表 5-154　　　　　　　　　　市场主体信息查询业务步骤清单

业务步骤 编号	业务步骤 名称	输入业务 信息编号	输出业务 信息编号	业务步骤内容描述 （业务步骤/业务规则）	前置条件
BS-BP-BD- SCFW-0401- 0001	入/退市 信息公示	BI-BD-SCFW- 0301	BI-BD-SCFW- 0301	市场主体注册时、发生重大变更时，注销时电力交易中心将其相关信息进行公示	无
BS-BP-BD- SCFW-0401- 0002	市场成员 公开信息	BI-BD-SCFW- 0303	BI-BD-SCFW- 0303	公开信息是面向所有市场主体发布的信息	无

5.4.2.4.2　注册信息查询业务步骤清单

注册信息查询业务步骤清单见表 5-155。

表 5-155　　　　　　　　　　注册信息查询业务步骤清单

业务步骤 编号	业务步骤 名称	输入业务 信息编号	输出业务 信息编号	业务步骤内容描述 （业务步骤/业务规则）	前置条件
BS-BP-BD- SCFW-0402- 0001	当前信息	BI-BD-SCFW- 0304	BI-BD-SCFW- 0304	当前信息查询提供发电企业、电力用户、售电公司、独立储能市场主体的注册企业信息	无
BS-BP-BD- SCFW-0402- 0002	历史信息	BI-BD-SCFW- 0305	BI-BD-SCFW- 0305	历史信息查询提供发电企业、电力用户、售电公司、独立储能市场主体信息变更记录的查看功能	无

5.4.2.4.3　政府监督查询业务步骤清单

政府监督查询业务步骤清单见表 5-156。

表 5-156　　　　　　　　　　政府监督查询业务步骤清单

业务步骤 编号	业务步骤 名称	输入业务 信息编号	输出业务 信息编号	业务步骤内容描述 （业务步骤/业务规则）	前置条件
BS-BP-BD- SCFW-0403- 0001	电力用户 信息	BI-BD-SCFW- 0306	BI-BD-SCFW- 0306	政府监管部门可查询平台的电力用户信息	无

业务步骤 编号	业务步骤 名称	输入业务 信息编号	输出业务 信息编号	业务步骤内容描述 （业务步骤/业务规则）	前置条件
BS-BP-BD- SCFW-0403- 0002	售电公司 信息	BI-BD-SCFW- 0307	BI-BD-SCFW- 0307	政府监管部门可查询平台的售电公司 信息	无
BS-BP-BD- SCFW-0403- 0003	发电企业 信息	BI-BD-SCFW- 0308	BI-BD-SCFW- 0308	政府监管部门可查询平台的发电企业 信息	无

5.4.2.4.4 发电集团信息查询业务步骤清单

发电集团信息查询业务步骤清单见表5-157。

表 5-157 发电集团信息查询业务步骤清单

业务步骤 编号	业务步骤 名称	输入业务 信息编号	输出业务 信息编号	业务步骤内容描述 （业务步骤/业务规则）	前置条件
BS-BP-BD- SCFW-0404- 0001	集团概况 分析	BI-BD-SCFW- 0313	BI-BD-SCFW- 0313	所属发电集团企业总体情况分别展示 当前登录的发电集团所属的发电企业总 数、机组总台数和装机总容量，分别点 击发电企业总数、机组台数和装机总容 量可以查看详情	无
BS-BP-BD- SCFW-0404- 0002	集团发电 信息	BI-BD-SCFW- 0314	BI-BD-SCFW- 0314	集团发电企业为当前发电集团的所属 发电企业的信息	无
BS-BP-BD- SCFW-0404- 0003	集团交易 信息	BI-BD-SCFW- 0315	BI-BD-SCFW- 0315	发电集团可查询所属发电企业参与的 交易情况	无

5.4.2.4.5 现货交易信息查询业务步骤清单

现货交易信息查询业务步骤清单见表5-158。

表 5-158　　　　　　　　　　　现货交易信息查询业务步骤清单

业务步骤编号	业务步骤名称	输入业务信息编号	输出业务信息编号	业务步骤内容描述（业务步骤/业务规则）	前置条件
BS-BP-BD-SCFW-0405-0001	交易公告查询	BI-BD-SCCQ-0135，BI-BD-SCCQ-0143	无	交易主体可查看由调度现货技术支持系统实时传递的公告信息，公告信息从内网市场出清应用获取，包括准入条件、申报规则等信息。方便市场主体进行购售电需求和价格的申报。其中日前市场交易可在日前查看交易公告信息。日内市场交易可按照固定的时间窗口滚动查看日内市场交易公告信息。实时市场交易每 5min 可查看未来 5～10min 的实时交易公告信息	交易公告发布
BS-BP-BD-SCFW-0405-0002	申报信息查询	BI-BD-SCCQ-0135，BI-BD-SCCQ-0144	无	实现对日前交易、日内交易、实时交易的申报信息进行查询。可查询当前及历史现货交易的申报信息	完成交易申报
BS-BP-BD-SCFW-0405-0003	交易结果查询	BI-BD-SCCQ-0134，BI-BD-SCCQ-0148	无	实现对日前交易、日内交易、实时交易的交易结果信息进行查询。交易结果发布后，市场主体可查看日内交易结果信息，数据从内网市场出清应用获取	交易出清，结果发布

5.4.2.4.6　辅助服务交易信息查询业务步骤清单

辅助服务交易信息查业务步骤清单见表 5-159。

表 5-159　　　　　　　　　　　辅助服务交易信息查业务步骤清单

业务步骤编号	业务步骤名称	输入业务信息编号	输出业务信息编号	业务步骤内容描述（业务步骤/业务规则）	前置条件
BS-BP-BD-SCFW-0406-0001	交易公告查询	BI-BD-SCCQ-0134，BI-BD-SCCQ-0143	无	市场主体可查看已发布的交易公告	交易公告发布

业务步骤编号	业务步骤名称	输入业务信息编号	输出业务信息编号	业务步骤内容描述（业务步骤/业务规则）	前置条件
BS-BP-BD-SCFW-0406-0002	申报信息查询	BI-BD-SCCQ-0134，BI-BD-SCCQ-0144	无	市场主体按照交易规则进行辅助服务交易数据申报，申报后可查看交易申报信息	完成交易申报
BS-BP-BD-SCFW-0406-0003	交易结果查询	BI-BD-SCCQ-0134，BI-BD-SCCQ-0148	无	交易申报后，调度按照出清规则形成交易结果并对外发布。交易结果发布后，市场主体可查看辅助服务交易结果	完成交易申报

5.4.2.4.7 中长期交易信息查询业务步骤清单

中长期交易信息查询业务步骤清单见表 5-160。

表 5-160 中长期交易信息查询业务步骤清单

业务步骤编号	业务步骤名称	输入业务信息编号	输出业务信息编号	业务步骤内容描述（业务步骤/业务规则）	前置条件
BS-BP-BD-SCFW-0407-0001	交易公告查询	BI-BD-SCCQ-0134，BI-BD-SCCQ-0143	无	在中长期交易准备期间，电力交易中心发布年度、月度、月内调整交易的相关市场信息和交易公告，供市场主体查询。交易公告信息包括交易公告发布的基本信息、申报规则信息、市场准入信息、流程信息	交易公告发布
BS-BP-BD-SCFW-0407-0002	申报信息查询	BI-BD-SCCQ-0135，BI-BD-SCCQ-0144	无	电力交易中心可设置交易主体的交易申报时间节点，中长期交易开市后，交易主体在指定时间内进行交易申报。交易申报期间和申报结束后，交易主体可在申报信息查询功能中查看已申报的数据	完成交易申报
BS-BP-BD-SCFW-0407-0003	交易结果查询	BI-BD-SCCQ-0134，BI-BD-SCCQ-0148	无	省级电力交易中心可查看本场景下市场主体的交易结果明细。交易主体可查询本主体的年度交易、月度交易和月内调整交易的交易结果明细	安全校核后，交易结果发布

5.4.2.4.8 市场运营信息查询业务步骤清单

市场运营信息查询业务步骤清单见表 5-161。

表 5-161 市场运营信息查询业务步骤清单

业务步骤编号	业务步骤名称	输入业务信息编号	输出业务信息编号	业务步骤内容描述（业务步骤/业务规则）	前置条件
BS-BP-BD-SCFW-0408-0001	合同信息查询	BI-BD-SCCQ-0206，BI-BD-SCCQ-0207，BI-BD-SCCQ-0207，BI-BD-SCCQ-0215	无	市场成员可查看与其相关的合同信息，数据从内网市场出清应用获取。主要包括：①当前合同查询；②历史合同查询；③合同执行追踪；④合同统计分析	用户通过认证并成功登录系统
BS-BP-BD-SCFW-0408-0002	实时信息查询	BI-BD-SCJS-0037	无	实时信息由电力交易中心通过内网信息发布应用进行发布，主要包括特高压交易信息、联络线与电厂实际电力电量等	无
BS-BP-BD-SCFW-0408-0003	结算信息查询	BI-BD-SCJS-0018	无	用于发电企业、电力用户、售电公司、独立储能等市场主体查询结算单、发用电量等结算信息	用户通过认证并成功登录系统
BS-BP-BD-SCFW-0408-0004	年报查询	BI-BD-SCJS-0037	无	市场主体可下载由电力交易中心通过内网信息发布应用发布的年报信息	用户通过认证并成功登录系统
BS-BP-BD-SCFW-0408-0005	季报查询	BI-BD-SCJS-0037	无	市场主体可下载由电力交易中心通过内网信息发布应用发布的季报信息	用户通过认证并成功登录系统
BS-BP-BD-SCFW-0408-0006	月报查询	BI-BD-SCJS-0037	无	电力交易中心对发电企业、电力用户、售电公司等市场主体按规定通过内网信息发布应用公开披露电力市场交易有关月度信息，市场主体可直接下载相关附件	用户通过认证并成功登录系统

业务步骤 编号	业务步骤 名称	输入业务 信息编号	输出业务 信息编号	业务步骤内容描述 （业务步骤/业务规则）	前置条件
BS-BP-BD- SCFW-0408- 0007	基础运营 信息查询	BI-BD-SCFW- 0139；BI-BD- SCFW-0140	无	基础运营信息由电力交易中心通过内 网信息发布应用进行发布，市场主体可 进行查询	无
BS-BP-BD- SCFW-0408- 0008	日信息 查询	BI-BD-SCJS- 0037	无	日信息由电力交易中心通过内网信 息发布应用进行发布，主要包括以下 信息：①输电线路，包括联络线通道限 额信息；②EMS 负荷信息，包含当月最 大负荷、历史同期最大负荷、当年最大 负荷、历史最大负荷信息；③现货市场 日信息，包含当日市场公告、市场约束 条件、电网总体情况等信息	无

5.4.2.4.9 电网相关信息查询业务步骤清单

电网相关信息查询业务步骤清单见表 5-162。

表 5-162 　　　　　　　　　　　电网相关信息查询业务步骤清单

业务步骤 编号	业务步骤 名称	输入业务 信息编号	输出业务 信息编号	业务步骤内容描述 （业务步骤/业务规则）	前置条件
BS-BP-BD- SCFW-0409- 0001	电网运行 信息查询	BI-BD-SCCQ- 0109、BI-BD- SCCQ-0111、 BI-BD-SCCQ- 0113	无	电网运行信息包括检修计划信息查 询、来水信息查询、电网概况信息查 询、安全生产信息查询、新设备信息查 询等	无
BS-BP-BD- SCFW-0409- 0002	电网其他 信息查询	BI-BD-SCCQ- 0110	无	电网其他信息包括联络线计划等	无

5.4.2.4.10 信用信息查询业务步骤清单

信用信息查询业务步骤清单见表 5-163。

表 5-163 信用信息查询业务步骤清单

业务步骤编号	业务步骤名称	输入业务信息编号	输出业务信息编号	业务步骤内容描述（业务步骤/业务规则）	前置条件
BS-BP-BD-SCFW-0410-0001	企业信用	BI-BD-SCHG-0410	无	已完成注册的市场主体可查询市场主体的信用排行，也可按照提供的检索条件查询特定市场主体的信用评级	无
BS-BP-BD-SCFW-0410-0002	信用信息查询	BI-BD-SCHG-0410	无	在电力交易中心对市场主体按照特定的评价机制和指标体系完成信用评价后，市场主体可下载本单位的信用报告。信用评价指标框架包括场外指标、综合评价指标、惩罚指标、奖励指标和预警指标等。通过信用报告，市场主体可了解到本单位是否因不正当交易行为产生扣分、是否有虚假信息申报，以及信用评级近几期趋势等	无

5.4.2.4.11 零售市场信息查询业务步骤清单

零售市场信息查询业务步骤清单见表 5-164。

表 5-164 零售市场信息查询业务步骤清单

业务步骤编号	业务步骤名称	输入业务信息编号	输出业务信息编号	业务步骤内容描述（业务步骤/业务规则）	前置条件
BS-BP-BD-SCFW-0411-0001	售电公司店铺信息查询	BI-BD-SCFW-0158	无	对售电公司开设的店铺信息进行查询，包括店铺名称、入市时间等	无
BS-BP-BD-SCFW-0411-0002	零售套餐信息查询	BI-BD-SCFW-0156	无	零售套餐信息包括套餐名称、量价信息、其他条款信息等	无
BS-BP-BD-SCFW-0411-0003	零售关系绑定信息查询	BI-BD-SCFW-0156	无	零售关系绑定信息查询包括售电公司名称、零售用户名称、售电公司与零售用户的绑定时间等	无

5.4.2.5 综合服务

5.4.2.5.1 即时信息交互业务步骤清单

即时信息交互业务步骤清单见表 5-165。

表 5-165　　　　　　　　即时信息交互业务步骤清单

业务步骤编号	业务步骤名称	输入业务信息编号	输出业务信息编号	业务步骤内容描述（业务步骤/业务规则）	前置条件
BS-BP-BD-SCFW-0501-0001	消息提醒	BI-BD-SCFW-0204、BI-BD-SCFW-0205、BI-BD-SCFW-0206	BI-BD-SCFW-0204、BI-BD-SCFW-0205、BI-BD-SCFW-0206	根据内网设置的消息提醒类型对市场主体进行消息提醒。市场主体在线时，即可查看到发送的消息提醒	业务触发
BS-BP-BD-SCFW-0501-0002	在线客服	BI-BD-SCFW-0207	BI-BD-SCFW-0207	对于在平台使用或规则解读等活动中可能出现的不理解、不会用、不可用等亟需马上解决和期望立即答复的问题，市场主体成员可以通过在线客服功能，方便、快捷地获取问题受理服务，获得及时有效的在线问题解决方案	业务触发

5.4.2.5.2 服务质量管理业务步骤清单

服务质量管理业务步骤清单见表 5-166。

表 5-166　　　　　　　　服务质量管理业务步骤清单

业务步骤编号	业务步骤名称	输入业务信息编号	输出业务信息编号	业务步骤内容描述（业务步骤/业务规则）	前置条件
BS-BP-BD-SCFW-0502-0001	调查问卷查询	BI-BD-SCFW-0209、BI-BD-SCFW-0210	BI-BD-SCFW-0211	根据各省电力交易中心需求，市场主体接收指定内容格式的调查问卷，由各市场主体用户进行填写后提交至发布侧，用于帮助省级电力交易中心完成市场信息的调研与收集	业务触发
BS-BP-BD-SCFW-0502-0002	问题咨询	BI-BD-SCFW-0213	BI-BD-SCFW-0213	对于在使用过程中可能出现的任何非紧急时间等级要求解决的问题，市场主体可通过问题留言板方式进行问题咨询，来获得问题解决的帮助	业务触发

业务步骤 编号	业务步骤 名称	输入业务 信息编号	输出业务 信息编号	业务步骤内容描述 （业务步骤/业务规则）	前置条件
BS-BP-BD- SCFW-0502- 0003	投诉建议	BI-BD-SCFW- 0212	BI-BD-SCFW- 0212	各市场主体可以通过投诉建议功能在线提出自己的投诉和建议	业务触发

5.4.2.5.3 电力交易知识库业务步骤清单

电力交易知识库业务步骤清单见表 5-167。

表 5-167　　　　　　　　　　　　电力交易知识库业务步骤清单

业务步骤 编号	业务步骤 名称	输入业务 信息编号	输出业务 信息编号	业务步骤内容描述 （业务步骤/业务规则）	前置条件
BS-BP-BD- SCFW-0503- 0001	常见问题	BI-BD-SCFW- 0217、BI-BD- SCFW-0218	BI-BD-SCFW- 0217、BI-BD- SCFW-0218	各市场主体可通过查询省级电力交易中心定期整理和更新发布的历史常见问题汇总，提高问题市场主体成员的自助解决能力，同时避免常发性错误	业务触发
BS-BP-BD- SCFW-0503- 0002	知识搜索	BI-BD-SCFW- 0219、BI-BD- SCFW-0220	BI-BD-SCFW- 0219、BI-BD- SCFW-0220	各市场主体可通过知识搜索功能查询知识内容	业务触发

5.4.2.5.4 个性化定制服务业务步骤清单

个性化定制服务业务步骤清单见表 5-168。

表 5-168　　　　　　　　　　　　个性化定制服务业务步骤清单

业务步骤 编号	业务步骤 名称	输入业务 信息编号	输出业务 信息编号	业务步骤内容描述 （业务步骤/业务规则）	前置条件
BS-BP-BD- SCFW-0504- 0001	菜单定制	BI-BD-SCFW- 0214	BI-BD-SCFW- 0214	提供菜单定制功能。实现各市场主体在已授权使用的业务功能菜单中，依据业务流程和使用者习惯，配置可以满足业务开展需求的菜单项	业务触发

业务步骤 编号	业务步骤 名称	输入业务 信息编号	输出业务 信息编号	业务步骤内容描述 （业务步骤/业务规则）	前置条件
BS-BP-BD- SCFW-0504- 0002	我的关注	BI-BD-SCFW- 0215	BI-BD-SCFW- 0215	各市场主体根据实际业务需求，可以将已授权的常用业务功能应用模块，按照使用习惯和关注程度，将最常用、最关心的业务添加到"我的关注"区域，以满足快捷访问的需要	业务触发
BS-BP-BD- SCFW-0504- 0003	网站显示 定制	BI-BD-SCFW- 0214	BI-BD-SCFW- 0214	平台外网网站需要满足不断变化的电力交易业务，同时为市场主体提供更多、更加便捷的服务。用户可根据自己的喜好，选择不同的网站配置	业务触发
BS-BP-BD- SCFW-0504- 0004	用户引导	BI-BD-SCFW- 0216	BI-BD-SCFW- 0216	通过用户引导功能引导用户正确使用平台功能，提高用户通过平台参与电力交易业务的能力	业务触发

5.4.2.5.5 市场成员培训业务步骤清单

市场成员培训业务步骤清单见表5-169。

表5-169　　　　　　　　　　市场成员培训业务步骤清单

业务步骤 编号	业务步骤 名称	输入业务 信息编号	输出业务 信息编号	业务步骤内容描述 （业务步骤/业务规则）	前置条件
BS-BP-BD- SCFW-0505- 0001	培训公告	BI-BD-SCFW- 0221	BI-BD-SCFW- 0221	省内发电企业、电力用户、售电公司等各类市场主体成员接收和读取由省级电力交易中心发布的培训公告	业务触发
BS-BP-BD- SCFW-0505- 0002	培训资料	BI-BD-SCFW- 0223	BI-BD-SCFW- 0223	市场主体成员可在外网网站根据培训公告内容，自行下载相关的培训资料，预先了解和学习培训课程	业务触发
BS-BP-BD- SCFW-0505- 0003	案例中心	BI-BD-SCFW- 0223	BI-BD-SCFW- 0223	市场主体成员可根据培训内容下载已发布的培训案例，通过对相关案例的自主学习和场景模拟，达到预计的培训效果	业务触发

业务步骤编号	业务步骤名称	输入业务信息编号	输出业务信息编号	业务步骤内容描述（业务步骤/业务规则）	前置条件
BS-BP-BD-SCFW-0505-0004	培训报名	BI-BD-SCFW-0222	BI-BD-SCFW-0222	市场主体成员收取培训公告获取培训通知及培训对象等相关信息后，需按公告内容在线对所参加的培训进行报名	业务触发

5.4.2.5.6　用户中心业务步骤清单

用户中心业务步骤清单见表 5-170。

表 5-170　　　　　　　　　　　　用户中心业务步骤清单

业务步骤编号	业务步骤名称	输入业务信息编号	输出业务信息编号	业务步骤内容描述（业务步骤/业务规则）	前置条件
BS-BP-BD-SCFW-0506-0001	密码修改	BI-BD-SCFW-0225	BI-BD-SCFW-0225	实现市场主体按照信息安全管理规范和密码安全设定约束规则，修改密码	业务触发
BS-BP-BD-SCFW-0506-0002	账户安全信息维护	BI-BD-SCFW-0201	BI-BD-SCFW-0201	实现市场主体维护账户相关安全性	业务触发
BS-BP-BD-SCFW-0506-0003	找回密码	BI-BD-SCFW-0225、BI-BD-SCFW-0201	BI-BD-SCFW-0225	实现市场主体的密码保护功能，通过预留的邮箱地址或手机号码，发送邮件或短信获取验证码的身份验证方式，找回密码	业务触发
BS-BP-BD-SCFW-0506-0004	数字证书在线办理	BI-BD-SCFW-0226	BI-BD-SCFW-0226	市场主体可通过在线方式申请办理安全认证中心的数字证书，也可在线进行补办申请和注销申请	业务触发

5.4.2.6　市场服务-内网应用

5.4.2.6.1　服务质量管理业务步骤清单

服务质量管理业务步骤清单见表 5-171。

表 5-171 服务质量管理业务步骤清单

业务步骤编号	业务步骤名称	输入业务信息编号	输出业务信息编号	业务步骤内容描述（业务步骤/业务规则）	前置条件
BS-BP-BD-SCFW-0601-0001	客户沟通管理	BI-BD-SCFW-0208	BI-BD-SCFW-0208	客户沟通管理主要实现客户通过文字、图片方式咨询电力市场相关政策和平台相关问题，客服人员在内网后台对问题进行答复，所有咨询答复信息自动保存成历史数据以便查询	业务触发
BS-BP-BD-SCFW-0601-0002	投诉管理	BI-BD-SCFW-0212	BI-BD-SCFW-0212	投诉管理主要实现客户服务人员受理客户投诉业务，记录投诉处理结果信息，定期对投诉客户进行回访调查。根据情况对交易平台、交易业务等工作进行整改，提高客户服务水平	业务触发
BS-BP-BD-SCFW-0601-0003	调查问卷	BI-BD-SCFW-0209、BI-BD-SCFW-0210、BI-BD-SCFW-0211	BI-BD-SCFW-0209、BI-BD-SCFW-0210	调查问卷主要实现根据电力交易中心调查目标，制定问卷调查方案，设置问题分类，制定合适的调查问卷，并且对调查问卷库进行维护，以达到调查目标	业务触发

5.4.2.6.2 电力交易知识库业务步骤清单

电力交易知识库业务步骤清单见表 5-172。

表 5-172 电力交易知识库业务步骤清单

业务步骤编号	业务步骤名称	输入业务信息编号	输出业务信息编号	业务步骤内容描述（业务步骤/业务规则）	前置条件
BS-BP-BD-SCFW-0602-0001	常见问题管理	BI-BD-SCFW-0217、BI-BD-SCFW-0218	BI-BD-SCFW-0217、BI-BD-SCFW-0218	常见问题管理主要实现对常见问题的收集和整理，实现知识碎片化管理，初步形成知识库	业务触发
BS-BP-BD-SCFW-0602-0002	知识分类管理	BI-BD-SCFW-0219	BI-BD-SCFW-0219	知识分类管理对知识库问题进行分类以便查找	业务触发

业务步骤 编号	业务步骤 名称	输入业务 信息编号	输出业务 信息编号	业务步骤内容描述 （业务步骤/业务规则）	前置条件
BS-BP-BD- SCFW-0602- 0003	知识收集 维护	BI-BD-SCFW- 0219、BI-BD- SCFW-0220	BI-BD-SCFW- 0219、BI-BD- SCFW-0220	知识收集维护实现业务专家定期对知识库内容进行评价、修订和新增	业务触发
BS-BP-BD- SCFW-0602- 0004	知识搜索 维护	BI-BD-SCFW- 0219、BI-BD- SCFW-0220	BI-BD-SCFW- 0219、BI-BD- SCFW-0220	知识搜索维护实现根据关键字或分类条件进行快速查询知识库中的内容并且可以对知识进行修改	业务触发

5.4.2.6.3　个性化定制服务业务步骤清单

个性化定制服务业务步骤清单见表 5-173。

表 5-173　　　　　　　　　　　个性化定制服务业务步骤清单

业务步骤 编号	业务步骤 名称	输入业务 信息编号	输出业务 信息编号	业务步骤内容描述 （业务步骤/业务规则）	前置条件
BS-BP-BD- SCFW-0603- 0001	网站显示 配置	BI-BD-SCFW- 0214	BI-BD-SCFW- 0214	网站显示配置主要实现对外网网站的颜色、排版内容进行定制化配置，保存后生成新的配置版本信息	业务触发
BS-BP-BD- SCFW-0603- 0002	用户引导 配置	BI-BD-SCFW- 0216	BI-BD-SCFW- 0216	用户引导配置主要实现通过创建用户引导模版引导用户正确使用平台功能	业务触发

5.4.2.6.4　市场成员培训业务步骤清单

市场成员培训业务步骤清单见表 5-174。

表 5-174　　　　　　　　　　　市场成员培训业务步骤清单

业务步骤 编号	业务步骤 名称	输入业务 信息编号	输出业务 信息编号	业务步骤内容描述 （业务步骤/业务规则）	前置条件
BS-BP-BD- SCFW-0604- 0001	培训公告 发布	BI-BD-SCFW- 0221	BI-BD-SCFW- 0221	培训公告发布主要实现发布培训公告，包含培训日期、培训对象、培训内容、培训地址内容，公告发布给相关发电企业、电力用户、售电公司等市场成员	业务触发

业务步骤编号	业务步骤名称	输入业务信息编号	输出业务信息编号	业务步骤内容描述（业务步骤/业务规则）	前置条件
BS-BP-BD-SCFW-0604-0002	培训资料发布	BI-BD-SCFW-0223	BI-BD-SCFW-0223	培训资料发布主要实现根据培训方案对培训对象发布培训材料，培训对象可在外网网站下载培训材料	业务触发
BS-BP-BD-SCFW-0604-0003	案例发布	BI-BD-SCFW-0223	BI-BD-SCFW-0223	案例发布主要实现根据培训方案对培训对象发布培训案例，培训对象可在外网网站下载培训案例	业务触发
BS-BP-BD-SCFW-0604-0004	培训安排	BI-BD-SCFW-0222	BI-BD-SCFW-0222	培训安排主要实现根据培训报名的信息，合理安排培训课程、培训讲师、培训教室、住宿、餐饮事宜	业务触发

5.4.2.6.5 用户中心业务步骤清单

用户中心业务步骤清单见表 5-175。

表 5-175　　　　　　　　　　用户中心业务步骤清单

业务步骤编号	业务步骤名称	输入业务信息编号	输出业务信息编号	业务步骤内容描述（业务步骤/业务规则）	前置条件
BS-BP-BD-SCFW-0605-0001	数字证书受理审核	BI-BD-SCFW-0226	BI-BD-SCFW-0226	数字证书受理审核主要实现电力交易中心对用户数字证书信息的审核	业务触发

5.4.2.6.6 外网功能镜像业务步骤清单

外网功能镜像业务步骤清单见表 5-176。

表 5-176　　　　　　　　　　外网功能镜像业务步骤清单

业务步骤编号	业务步骤名称	输入业务信息编号	输出业务信息编号	业务步骤内容描述（业务步骤/业务规则）	前置条件
BS-BP-BD-SCFW-0606-0001	外网功能镜像	—	—	外网功能镜像主要用于在电力系统内网工作环境下，及时预览在内网交易平台发布的信息和数据的发布效果，实现	业务触发

续表

业务步骤编号	业务步骤名称	输入业务信息编号	输出业务信息编号	业务步骤内容描述（业务步骤/业务规则）	前置条件
BS-BP-BD-SCFW-0606-0001	外网功能镜像	—	—	在内网浏览外网网站的功能，与外网网站功能、数据完全同步一致，保障电力交易业务正常运行，包括最新动态、公示公告、行业资讯、市场资讯、市场服务等	业务触发

5.5 业 务 信 息

5.5.1 市场成员管理

业务信息清单见表 5-177。

表 5-177   业 务 信 息 清 单

业务信息编号	业务信息类型	业务信息名称	用途	使用单位	制作单位	使用频率
BI-BD-SCFW-0101	报表	用户计量点信息表	记录计量点信息	电力交易中心	电力交易中心	业务触发
BI-BD-SCFW-0103	报表	发电集团信息表	记录发电集团信息	电力交易中心	电力交易中心	业务触发
BI-BD-SCFW-0104	报表	模版配置信息表	记录模版配置信息	电力交易中心	电力交易中心	业务触发
BI-BD-SCFW-0105	报表	发电企业信息表	记录发电企业信息	电力交易中心	电力交易中心	业务触发
BI-BD-SCFW-0106	报表	电力用户信息表	记录电力用户信息	电力交易中心	电力交易中心	业务触发
BI-BD-SCFW-0107	报表	售电公司信息表	记录售电公司信息	电力交易中心	电力交易中心	业务触发

续表

业务信息编号	业务信息类型	业务信息名称	用途	使用单位	制作单位	使用频率
BI-BD-SCFW-0108	报表	机组信息表	记录机组信息	电力交易中心	电力交易中心	业务触发
BI-BD-SCFW-0110	报表	电网企业信息表	记录电网企业信息	电力交易中心	电力交易中心	业务触发
BI-BD-SCFW-0111	报表	电力用户（个人）信息表	记录电力用户（个人）信息	电力交易中心	电力交易中心	业务触发
BI-BD-SCFW-0112	表单	电力用户注册信息表	记录电力用户注册信息	电力交易中心	电力交易中心	业务触发
BI-BD-SCFW-0115	报表	会议信息	记录会议信息	电力交易中心	电力交易中心	业务触发
BI-BD-SCFW-0116	报表	制度信息	记录制度信息	电力交易中心	电力交易中心	业务触发
BI-BD-SCFW-0117	报表	议题信息	记录议题信息	电力交易中心	电力交易中心	业务触发
BI-BD-SCFW-0118	表单	审核信息表	记录流程审核信息	电力交易中心	电力交易中心	业务触发
BI-BD-SCFW-0119	表单	解绑申请信息表	记录售电公司解绑电力用户信息	电力交易中心	电力交易中心	业务触发
BI-BD-SCFW-0120	表单	绑定关系变更信息表	记录用户变更售电公司信息	电力交易中心	电力交易中心	业务触发
BI-BD-SCFW-0121	报表	配额指标信息表	记录配额指标信息	电力交易中心	电力交易中心	业务触发
BI-BD-SCFW-0122	报表	配额实施管理信息表	记录配额指标完成信息	电力交易中心	电力交易中心	业务触发
BI-BD-SCFW-0123	报表	履约保障凭证信息表	记录履约保障凭证信息	电力交易中心	电力交易中心	业务触发

业务信息编号	业务信息类型	业务信息名称	用途	使用单位	制作单位	使用频率
BI-BD-SCFW-0124	表单	运营指标信息表	记录运营指标信息	电力交易中心	电力交易中心	业务触发
BI-BD-SCFW-0125	表单	运营报告模版信息表	记录运营报告模版信息	电力交易中心	电力交易中心	业务触发
BI-BD-SCFW-0126	表单	运营报告生成信息表	记录运营报告生成信息	电力交易中心	电力交易中心	业务触发
BI-BD-SCFW-0127	表单	断面信息表	记录断面信息	电力交易中心	电力交易中心	业务触发
BI-BD-SCFW-0128	表单	联络线信息表	记录联络线信息	电力交易中心	电力交易中心	业务触发
BI-BD-SCFW-0129	表单	线路信息表	记录线路信息	电力交易中心	电力交易中心	业务触发
BI-BD-SCFW-0130	表单	关口信息表	记录关口信息	电力交易中心	电力交易中心	业务触发
BI-BD-SCFW-0131	表单	控制区域信息表	记录控制区域信息	电力交易中心	电力交易中心	业务触发
BI-BD-SCFW-0132	表单	自主发布信息表	记录市场主体自主信息发布	电力交易中心	电力交易中心	业务触发
BI-BD-SCFW-0133	表单	市场成员业务受理信息表	记录市场成员业务受理信息	电力交易中心	电力交易中心	业务触发
BI-BD-SCFW-0134	表单	附件关系信息表	记录主体与附件关系信息	电力交易中心	电力交易中心	业务触发
BI-BD-SCFW-0135	表单	附件信息表	记录附件信息	电力交易中心	电力交易中心	业务触发
BI-BD-SCFW-0136	表单	机组权益信息表	记录机组权益信息	电力交易中心	电力交易中心	业务触发

业务信息编号	业务信息类型	业务信息名称	用途	使用单位	制作单位	使用频率
BI-BD-SCFW-0138	表单	参数配置表	记录参数配置等信息	电力交易中心	电力交易中心	业务触发
BI-BD-SCFW-0139	表单	日志表	记录市场成员信息发生的变化	电力交易中心	电力交易中心	业务触发
BI-BD-SCFW-0140	表单	电网模型表	记录电网断面、联络线、线路、关口、控制区域	电力交易中心	电力交易中心	业务触发
BI-BD-SCFW-0141	表单	市场资质管理表	记录市场成员的暂停和恢复交易资格信息	电力交易中心	电力交易中心	业务触发
BI-BD-SCFW-0142	表单	备案报告管理信息表	记录售电公司信息情况	电力交易中心	电力交易中心	业务触发
BI-BD-SCFW-0144	表单	地理区域信息表	记录地理区域信息	电力交易中心	电力交易中心	业务触发
BI-BD-SCFW-0145	报表	独立储能信息表	记录独立储能信息	电力交易中心	电力交易中心	业务触发

5.5.2 市场服务-内网应用

业务信息清单见表5-178。

表5-178　　　　　　业 务 信 息 清 单

业务信息编号	业务信息类型	业务信息名称	用途	使用单位	制作单位	使用频率
BI-BD-SCFW-0201	配置	用户安全信息	记录用户设置账号安全的相关信息	电力交易中心	电力交易中心	业务触发
BI-BD-SCFW-0203	日志	市场主体在线交流信息	记录市场主体在线交流日志	电力交易中心	电力交易中心	业务触发
BI-BD-SCFW-0204	消息	系统消息提醒	记录系统消息提醒数据	电力交易中心	电力交易中心	业务触发

业务信息编号	业务信息类型	业务信息名称	用途	使用单位	制作单位	使用频率
BI-BD-SCFW-0205	消息	系统消息回执	记录系统消息回执结果	电力交易中心	电力交易中心	业务触发
BI-BD-SCFW-0206	消息	业务消息提醒	记录业务消息提醒即回执	电力交易中心	电力交易中心	业务触发
BI-BD-SCFW-0207	配置	在线客服日志	记录在线问答日志	电力交易中心	电力交易中心	业务触发
BI-BD-SCFW-0208	日志	客户沟通信息	记录客户沟通信息	电力交易中心	电力交易中心	业务触发
BI-BD-SCFW-0209	配置	调查问卷分类	发布调查问卷公告	电力交易中心	电力交易中心	业务触发
BI-BD-SCFW-0210	配置	调查问卷评价因素	记录调查问卷评价因素	电力交易中心	电力交易中心	业务触发
BI-BD-SCFW-0211	日志	调查问卷方案	记录调查问卷方案	电力交易中心	电力交易中心	业务触发
BI-BD-SCFW-0212	日志	投诉信息	记录客户投诉信息	电力交易中心	电力交易中心	业务触发
BI-BD-SCFW-0213	配置	问题咨询日志	记录问题咨询提问与答疑日志	电力交易中心	电力交易中心	业务触发
BI-BD-SCFW-0214	配置	菜单定制	记录用户自定义菜单配置	电力交易中心	电力交易中心	业务触发
BI-BD-SCFW-0215	配置	我的关注信息	记录用户功能关注配置	电力交易中心	电力交易中心	业务触发
BI-BD-SCFW-0216	配置	用户引导模版信息	记录引导用户的模版	电力交易中心	电力交易中心	业务触发
BI-BD-SCFW-0217	配置	常见问题分类	记录或查询常见问题分类	电力交易中心	电力交易中心	业务触发

业务信息编号	业务信息类型	业务信息名称	用途	使用单位	制作单位	使用频率
BI-BD-SCFW-0218	配置	常见问题信息	记录或查询常见问题数据	电力交易中心	电力交易中心	业务触发
BI-BD-SCFW-0219	配置	知识分类	记录或查询知识分类信息	电力交易中心	电力交易中心	业务触发
BI-BD-SCFW-0220	配置	知识库	记录或查询知识库相关信息	电力交易中心	电力交易中心	业务触发
BI-BD-SCFW-0221	配置	培训公告	记录培训公告信息	电力交易中心	电力交易中心	业务触发
BI-BD-SCFW-0222	日志	培训回执	记录培训回执信息	电力交易中心	电力交易中心	业务触发
BI-BD-SCFW-0223	配置	培训方案	记录相关培训方案信息	电力交易中心	电力交易中心	业务触发
BI-BD-SCFW-0224	日志	培训记录	记录培训记录信息	电力交易中心	电力交易中心	业务触发
BI-BD-SCFW-0225	配置	用户账号	记录用户登录平台的账号相关信息	电力交易中心	电力交易中心	业务触发
BI-BD-SCFW-0226	日志	数字证书申请	记录用户数字证书办理记录	电力交易中心	电力交易中心	业务触发
BI-BD-SCFW-0155	单据	零售套餐配置参数	省级电力交易中心制定零售套餐所包含的数据参数信息，确定参数、必填项、选填项等	电力交易中心	电力交易中心	业务触发
BI-BD-SCFW-0156	单据	零售套餐信息	售电公司编制零售套餐的信息，包括套餐基本信息，月套餐信息、约束条件等	电力交易中心	电力交易中心	业务触发
BI-BD-SCFW-0157	单据	零售套餐上架信息	记录零售市场套餐的上架信息	电力交易中心	电力交易中心	业务触发

续表

业务信息编号	业务信息类型	业务信息名称	用途	使用单位	制作单位	使用频率
BI-BD-SCFW-0158	单据	零售店铺信息	记录零售市场店铺信息	电力交易中心	电力交易中心	业务触发
BI-BD-SCFW-0159	单据	零售准入成员抽取信息	记录零售市场准入成员信息	电力交易中心	电力交易中心	业务触发
BI-BD-SCFW-0160	单据	零售订单信息	记录零售市场订单详细信息	电力交易中心	电力交易中心	业务触发
BI-BD-SCFW-0161	单据	零售开市时间信息	记录零售市场开市、闭市时间信息	电力交易中心	电力交易中心	业务触发
BI-BD-SCFW-0162	单据	曲线考核信息	包含用电量比例、考核方式	电力交易中心	电力交易中心	业务触发
BI-BD-SCFW-0163	单据	电量考核信息	记录电量偏差考核信息	电力交易中心	电力交易中心	业务触发
BI-BD-SCFW-0164	单据	售电公司列表信息	记录零售市场售电公司信息	电力交易中心	电力交易中心	业务触发
BI-BD-SCFW-0165	单据	签约申请信息	售电公司签约申请信息	电力交易中心	电力交易中心	业务触发
BI-BD-SCFW-0167	单据	签约申请信息	售电公司发起的签约申请信息	电力交易中心	电力交易中心	业务触发
BI-BD-SCFW-0168	单据	零售合同信息	零售用户与售电公司签订的零售合同信息	电力交易中心	电力交易中心	业务触发
BI-BD-SCFW-0169	单据	零售套餐列表信息	售电公司发布的零售套餐列表信息	电力交易中心	电力交易中心	业务触发
BI-BD-SCFW-0170	报表和附件	信息内容表	存储零售市场信息披露材料，包括售电公司信息、零售市场公告信息等	电力交易中心	电力交易中心	不定期
BI-BD-SCFW-0171	报表和附件	信息归档表	归档存储信息披露材料	电力交易中心	电力交易中心	不定期

续表

业务信息编号	业务信息类型	业务信息名称	用途	使用单位	制作单位	使用频率
BI-BD-SCFW-0172	报表	网站栏目人员权限配置表	用户的查看报表内容的权限	电力交易中心	电力交易中心	不定期
BI-BD-SCFW-0173	报表	信息披露对象	定义报表查看权限	电力交易中心	电力交易中心	不定期
BI-BD-SCFW-0174	报表	角色和发布对象映射表	关联报表查看的权限和组织机构角色的关系	电力交易中心	电力交易中心	不定期

参 考 文 献

[1] 史连军. 能源转型下的电力市场发展思考 [J]. 中国电力企业管理，2023，（10）：22-26.

[2] 史连军. 电力市场建设需以系统思维统筹推进 [J]. 中国电力企业管理，2022（10）：50-54.

[3] 谢开，彭鹏，荆朝霞，等. 欧洲统一电力市场设计与实践 [M]. 北京：中国电力出版社，2022.

[4] 李竹，宋莉，于松泰，等. 促进可再生能源市场化的省内中长期运行策略研究[J]. 太阳能学报，2023，44（02）：317-325. DOI:10.19912/j.0254-0096.tynxb.2021-1183.

[5] 刘敦楠，许小峰，李根柱，等. 考虑供需不确定性与价格波动的电网企业代理购电优化决策[J]. 电网技术，2023，47（07）：2691-2705. DOI:10.13335/j.1000-3673.pst.2023.0273.

[6] 张圣楠，刘永辉，胡婉莉，等. 电力交易平台业务中台设计研究 [J]. 电网技术，2021，45（04）：1364-1370. DOI:10.13335/j.1000-3673.pst.2020.1877.

[7] 纪鹏，曾丹，孙田，等. 全国统一电力市场体系深化建设研究——以省间、省内市场耦合演进路径设计为切入点[J]. 价格理论与实践，2022（05）：105-109. DOI:10.19851/j.cnki.CN11-1010/F.2022.05.091.

[8] 袁浩，董晓亮，刘强，等. 全国统一电力市场体系下电力零售侧市场框架设计 [J]. 电网技术，2022，46（12）：4852-4862. DOI:10.13335/j.1000-3673.pst.2022.0592.

[9] 冯志勇，徐砚伟，薛霄，等. 微服务技术发展的现状与展望 [J]. 计算机研究与发展，2020，57（05）：1103-1122.

[10] 张晓丽，杨家海，孙晓晴，等. 分布式云的研究进展综述 [J]. 软件学报，2018，29（07）：2116-2132.

[11] 武志学. 云计算虚拟化技术的发展与趋势 [J]. 计算机应用，2017，37（04）：915-923.

[12] 王万良，张兆娟，高楠，等. 基于人工智能技术的大数据分析方法研究进展 [J]. 计算机集成制造系统，2019，25（03）：529-547. DOI:10.13196/j.cims.2019.03.001.

[13] 程乐峰，余涛，张孝顺，等. 机器学习在能源与电力系统领域的应用和展望 [J]. 电力系统自动化，2019，43（01）：15-31.

[14] 张显，史连军. 中国电力市场未来研究方向及关键技术 [J]. 电力系统自动化，2020（16）：1-11.

[15] 史连军，周琳. 中国促进清洁能源消纳的市场机制设计思路 [J]. 电力系统自动化，2017，24（v.41；No.622）：89-95.

[16] 刘永辉，张显，谢开，等. 能源互联网背景下的新一代电力交易平台设计探讨 [J]. 电力系统自动化，2021，45（7）：12.

[17] 刘永辉，张显，孙鸿雁，等. 能源互联网背景下电力市场大数据应用探讨 [J]. 电力系统自动化，

2021，45（11）：10.

[18] 许子智，曾鸣.美国电力市场发展分析及对我国电力市场建设的启示［J］.电网技术，2011（06）：
161-166.

[19] 李道强，韩放.美国电力市场中的金融交易模式［J］.电网技术，2008（10）：16-21.

[20] 马子明，钟海旺，李竹，等.美国电力市场信息披露体系及其对中国的启示［J］.电力系统自动化，
2017（24）：49-57.

[21] 白玫，何爱民. 美国电力市场监管体系与监控机制［J］.2021（2017-4）：15-19.

[22] 杰里米 D.兰伯特.美国PJM电力市场［M］.胡江艳，盛艳，姜心凡，等，译.北京：中国水利
水电出版社，2007.

[23] 丁一，谢开，庞博，等.中国特色，全国统一的电力市场关键问题研究（1）：国外市场启示，比对
与建议［J］.电网技术，2020，44（7）：10.

[24] 葛炬，张粒子.美国得州ERCOT电力市场及其对我国电力改革的启示［J］.中国电力，2004，37
（12）：17-21.

[25] 李陟峰，施航，刘荣.美国电力监管体系建设对我国电力市场管委会建设的启示［J］.华北电力大
学学报：社会科学版，2018（04）：22-29.

[26] 国网能源研究院.国外电力市场化改革分析报告［M］.北京：中国电力出版社，2012.

[27] 尚金成，黄永皓，夏清.电力市场理论研究与应用［M］.北京：中国电力出版社，2002.

[28] 萨莉.亨特.电力市场竞争［M］.北京：中信出版社，2004.

[29] 王锡凡.电力市场对电力系统运行可靠性的影响［M］.北京：清华大学出版社，2010.

[30] 甘德强，杨莉，冯冬涵.电力经济与电力市场［M］.北京：机械工业出版社，2010.

[31] 周浩，文福拴，张富强.电力市场风险管理：建模分析与预防策略［M］.杭州：浙江大学出版社，
2006.

[32] 赵会茹，李春杰，李泓泽.电力市场环境下的电力普遍服务［M］.北京：中国电力出版社，2009.

[33] STEVENSTOFT，宋永华，刘俊勇，等.电力系统经济：电力市场设计［M］.北京：中国电力出版
社，2006.

[34] 国家电力监管委员会市场监管部.电力市场标准化设计和评价体系［M］.北京：中国电力出版社，
2010.

[35] DEREK W. BUNN，邦恩.竞争性电力市场模拟定价机制［M］.北京：中国电力出版社，2008.